NEW 후다닥 여행일본어

JAPAN
Speed Speaking

동양북스

초판 15쇄_ 2019년 9월 5일
지은이_ 여행 가이드팀 기획
발행인_ 김태웅
편집장_ 강석기
편집_ 신선정, 김효은
디자인_ 방혜자, 김효정, 서진희, 강은비
마케팅_ 나재승
제작_ 현대순

발행처_ 동양북스
등록번호_ 제 10-806호(1993년 4월 3일)
주소_ 서울시 마포구 동교로22길 14 (04030)
구입 문의 | 전화 (02)337-1737   팩스 (02)334-6624
내용 문의 | 전화 (02)337-1762   dybooks2@gmail.com

ISBN 978-89-8300-861-9 13730

▶ 본 책은 저작권법에 의해 보호를 받는 저작물이므로 무단 전재와 복제를 금합니다.
▶ 잘못된 책은 구입처에서 교환해드립니다.
▶ 도서출판 동양북스에서는 소중한 원고, 새로운 기획을 기다리고 있습니다.
  http://www.dongyangbooks.com

머리글

New 후다닥 여행 일본어

생각만 해도 설레는 해외여행!
여권준비, 비행기 예약, 숙소 예약, 드디어 출국!
여행을 앞두고 이것저것 다 준비한 것 같은데, 무언가가 허전하다면.
바로 중요한 언어 문제일 것입니다.
이왕 떠나는 신나는 여행인데, 언어에 대한 아무런 준비도 없이 허술히 떠난다면 얼마나 아쉽겠습니까?
자, 그럼 큰맘 먹고 가는 즐거운 여행,
회화책 한 권은 들고 여행을 떠나야겠죠?
이 책은 바로 자신 있게 여행길에 오르고 싶은 분들을 위해 기획한 책입니다.
해외여행 기본상식, 여행 준비자료 등과 함께 그 곳에서 바로 쓸 수 있도록 실용적인 회화문을 위주로 담았습니다. 그림으로 쉽게 찾아 볼 수 있도록 출국장에서, 기내에서, 공항에서, 호텔에서, 현지관광 등에서 각 장소별로 주로 쓰이는 회화 중심으로 실려 있기 때문에, 기본적인 표현은 쉽게 구사할 수 있을 것입니다.
Chapter 0에서는 모르는 일본어 어휘를 그때그때 쉽게 쓸 수 있도록 별도로 엮었습니다.
해외로 떠나는 신나는 여행?
이젠 '후다닥 여행 일본어'와 함께 떠나세요.
여행길에 든든한 친구가 되어 줄 것입니다.

이 책의 활용법

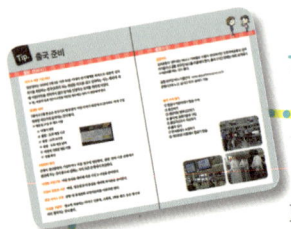

각 Chapter별 Tip

알아두면 유용한 해외여행 Know-how를 제시합니다. 여행 짐싸기부터 귀국 준비까지 여러분의 여행을 한층 업그레이드해 줄 상세한 팁들로 여행준비를 도와 드립니다.

그림으로 보여 주는 알짜 단어

해당 주제 아래 다시 작은 주제별로 필요한 단어들을 모았습니다. 알짜 표현에 맞게 다양한 그림들을 함께 묶어 갑작스럽게 단어를 구사해야 하는 상황에서 실용적으로 사용할 수 있습니다.

표현

어떤 상황에서라도 꼭 필요한 문장을 쉽게 찾아볼 수 있도록 편리하게 chapter별로 인덱스를 해 놓았습니다. 상황에 따라 찾아보면서 필요한 표현들을 익혀 보세요.

mp3 다운로드

책 속의 모든 표현에 대해 한글과 일본어 모두를 현지인의 음성으로 녹음하였습니다. mp3파일은 동양북스(http://www.dongyangbooks.com)에서 내려 받으실 수 있습니다.

차례

이 책의 활용법 04
차례 06

CHAPTER 0 그림으로 보여 주는 알짜 단어

기내에서 12
입국심사대에서 13
숙소에서 14
거리에서 16
   건물 | 위치
식당에서 20
   주문 | 음식 | 음료 | 술·안주 | 조미료 | 식기
쇼핑에서 29
   계산 | 개수 | 색깔 | 전자제품 | 잡화 | 의류 | 쇼핑에 필요한 기본 형용사
병원·약국에서 39
   약 | 병명 | 증상
시간·날 42

월 43
일 44
요일 45
숫자 46

CHAPTER 1 기본표현

인사하기 50
소개하기 52
질문하기 54
대답하기 56
맞장구 치는 표현 58
감사 및 사과 표현 60
부탁하기 62
칭찬하기 64

CHAPTER 2 기내

Tip. 출국 준비 68
좌석 찾기 70
식사와 음료 서비스 받기 72
기타 서비스 요청하기 74
간단한 의료 서비스 받기 76
입국신고서 작성하기 78

CHAPTER 3 공항

Tip. 입국하기 82
입국 심사 받기 84
짐 찾기 86
세관 검사 받기 88
환전 서비스 이용하기 90
공항 교통 이용하기 92

CHAPTER 4 호텔

Tip. 다양한 숙박시설 96
체크인 (예약을 안 한 경우) 98
체크인 (예약을 한 경우) 100
룸서비스 이용하기 102
호텔 프런트에 문의하기 104
호텔에서 문제 해결하기 106
체크아웃 108

CHAPTER 5 식당

Tip. 식당 이용하기 112
예약하기 114
식당찾기 116
메뉴 고르기 118
주문하기 120

차례

식사하기 122

패스트푸드 주문하기 124

카페에서 주문하기 126

이자카야에서 주문하기 128

회전 초밥 주문하기 130

식당에서 문제 해결하기 132

계산하기 134

CHAPTER 6 교통

Tip. 교통수단 138

버스 이용하기 140

전철 · 지하철 이용하기 142

택시 이용하기 144

열차 이용하기 146

렌터카 이용하기 148

CHAPTER 7 관광

Tip. 관광하기 152

관광안내소에 문의하기 154

길 묻는 표현 156

관광지에서 (1) 158

관광지에서 (2) 160

단체관광 162

가부키 관람하기 164

사진 촬영하기 166

CHAPTER 8 쇼핑

Tip. 쇼핑하기 170

쇼핑 관련 표현 172

가격 흥정 174

계산하기 176

백화점 이용하기 178

전자상가 이용하기 180

의류매장 이용하기.................. 182
편의점 이용하기.................... 184
서점 이용하기 186
교환 및 환불하기................... 188

건강 이상 (1)....................... 210
건강 이상 (2)....................... 212
건강 이상 (3)....................... 214

CHAPTER 9 공공시설

Tip. 공공시설 이용하기........... 192
전화 이용하기 (1).................. 194
전화 이용하기 (2).................. 196
우체국 이용하기.................... 198
은행 이용하기 200

CHAPTER 11 귀국

Tip. 귀국.............................. 218
항공권 예약 및 변경 220
공항에서 출국 수속................ 222
전송 나온 사람이 있을 때 224
결항·연착 및 비행기를 놓쳤을 때
.... 226

CHAPTER 10 긴급상황

Tip. 긴급상황 대처 204
분실 및 도난 사고.................. 206
교통사고 208

지하철 노선표 한글................ 228
지하철 노선표 일본어 230
오십음도 232

Chapter 0

그림으로 보여 주는 알짜 단어

기내에서
입국심사대에서
숙소에서
거리에서
건물 | 위치
식당에서
주문 | 음식 |
음료 | 술·안주 |
조미료 | 식기

쇼핑에서
계산 | 개수 | 색깔 |
전자제품 | 잡화 | 의류 |
쇼핑에 필요한 기본 형용사
병원·약국에서
약 | 병명 | 증상
시간·날
월
일
요일
숫자

기내에서

아래 단어를 빈칸에 넣어 보세요

_____ 주세요.
_____ ください。
구다사이

물
みず
お水
오미즈

주스
ジュース
쥬-스

맥주
ビール
비-루

와인
ワイン
와인

휴지
ティッシュ
팃슈

신문
しんぶん
新聞
심분

입국
심사대
에서

아래 단어를 빈칸에 넣어 보세요

입국목적은 ◯◯◯ 입니다.
入国目的は ◯◯◯ です。
뉴-꼬꾸모꾸떼끼와　　　　　데스

관광
かんこう
観光
강꼬-

비즈니스
ビジネス
비지네스

공부
べんきょう
勉強
벵꼬-

유학
りゅうがく
留学
류-가꾸

친구방문
ともだちほうもん
友達訪問
도모다찌호-몽

친척방문
しんせきほうもん
親戚訪問
신세끼호-몽

숙소에서

□ 있어요?

□ は ありますか。
　　　와　아리마스까

텔레비전
テレビ
테레비

인터넷PC
インターネットPC
인따-넷또피씨

전화
電話
뎅와

이불
ふとん
후똥

화장지
トイレットペーパー
토이렛또페-파-

열쇠
鍵
카기

베개
枕
마꾸라

타올
タオル
타오루

비누
せっけん
섹껭

아래 단어를 빈칸에 넣어 보세요

	있어요?
	は ありますか。
	와　아리마스까

샴푸	치약	칫솔
シャンプー	歯磨き粉	歯ブラシ
샴푸-	하미가끼꼬	하부라시

식당	화장실
食堂	トイレ
쇼꾸도-	토이레

거리에서

건물

☐ 은 어디에 있어요?

☐ は どこですか。
　　와　도꼬데스까

역
えき
駅
에끼

버스정류장
てい
バス停
바스떼-

백화점
デパート
데파-또

서점
ほん や
本屋
홍야

화장실
トイレ
토이레

레스토랑
レストラン
레스토랑

맥도날드
マクドナルド(マック)
마꾸도나루도(막꾸)

술집
い ざか や
居酒屋
이자까야

편의점
コンビニ
콤비니

아래 단어를 빈칸에 넣어 보세요

███ 은 어디에 있어요?

███ は どこですか。
　　　와　도꼬데스까

은행
ぎんこう
銀行
깅꼬-

우체국
ゆうびんきょく
郵便局
유-빙꼬꾸

병원
びょういん
病院
뵤-잉

파출소
こうばん
交番
코-방

커피숍
コーヒーショップ
코-히-숍푸

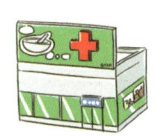

약국
くすりや
薬屋
구스리야

거리에서

건물

아래 단어를 빈칸에 넣어 보세요

이 근처에 _____ 가 있나요?
この 辺(へん)に _____ が ありますか。
고노 헨니   가 아리마스까

PC방
インターネットカフェ
인따-넷또까훼

노래방
カラオケ
가라오께

카레집
カレー屋(や)
카레-야

라면집
ラーメン屋(や)
라-멩야

초밥집
すし屋(や)
스시야

온천
温泉(おんせん)
온센

포장마차
屋台(やたい)
야따이

위치

위치에 관한 일본어

동쪽
ひがし
東
히가시

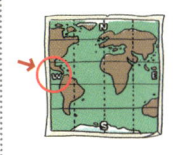

서쪽
にし
西
니시

남쪽
みなみ
南
미나미

북쪽
きた
北
기따

앞 / 뒤
まえ　うしろ
前 / 後ろ
마에 / 우시로

오른쪽 / 왼쪽
みぎ　ひだり
右 / 左
미기 / 히다리

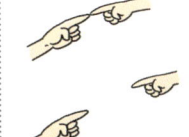

멀다 / 가깝다
とお　　ちか
遠い / 近い
토-이 / 찌까이

이쪽 / 그쪽 / 저쪽
こっち/そっち/あっち
곳찌 / 솟찌 / 앗찌

식당에서 — 주문

음식 주문하는 법

종업원 부르기

여기요
すみません。
스미마셍

주문 방법 1
메뉴판을 가리켜서 주문

이거 주세요
これを ください。
고레오 구다사이

주문 방법 2
식권 자판기로 주문

식권 자판기에서 원하는 메뉴를 선택한 뒤 식권을 카운터에 내기만 하면 말 한 마디 안 해도 주문 가능.

아래 단어를 빈칸에 넣어 보세요

(으)로 주세요.

にして ください。
　　니시떼　　구다사이

보통
なみ
並
나미

곱빼기
おお も
大盛り
오-모리

특대
とく も
特盛り
도꾸모리

부드러운 맛
あま くち
甘口
아마꾸찌

매운 맛
から くち
辛口
가라꾸찌

식당에서

음식

▭▭▭을 주세요.

▭▭▭ を ください。
　　　　오　구다사이

햄버거
ハンバーガー
함바-가-

스테이크
ステーキ
스떼-끼

과일
果物
くだもの
구다모노

빵
パン
팡

케익
ケーキ
케-끼

푸딩
プリン
푸링-

아이스크림
アイスクリーム
아이스꾸리-무

카레라이스
カレーライス
카레-라이스

스키야키
すき焼き
や
스끼야끼

아래 단어를 빈칸에 넣어 보세요

　　　　　을 주세요.

　　　　　を ください。
　　　　　오　구다사이

튀김
天ぷら
(てん)
템푸라

초밥
すし
스시

회
さしみ
사시미

샤부샤부
しゃぶしゃぶ
샤부샤부

오뎅
おでん
오뎅

냄비 요리
なべ
나베

라면
ラーメン
라-멘

밥
ごはん
고항

된장국
みそ汁
(しる)
미소시루

식당에서

음식

[　　　　　]을 주세요.

[　　　　　]を ください。
　　　　　　오　　구다사이

덮밥
どんぶり
돔부리

소바
そば
소바

주먹밥
おにぎり
오니기리

정식·백반
ていしょく
定食
테-쇼꾸

한국식 불고기
プルコギ
푸루꼬기

일본식 꼬치구이
やきとり
야끼또리

오코노미야키(일본 빈대떡)
この　　や
お好み焼き
오꼬노미야끼

다코야키(일본식 문어풀빵)
　　　や
たこ焼き
다꼬야끼

24　후다닥 여행 일본어

음료

아래 단어를 빈칸에 넣어 보세요

　　　　　을 주세요.

　　　　　を ください。
　　　　오　　구다사이

아이스 · 핫
アイス・ホット
아이스 · 홋또

커피
コーヒー
코-히-

코코아
ココア
코코아

주스
ジュース
쥬-스

콜라
コーラ
코-라

우유
牛乳
규-뉴-

녹차
緑茶
료꾸챠

우롱차
ウーロン茶
우-롱챠

매실차
梅茶
우메챠

식당에서

술·안주

　　　　　　　을 주세요.

　　　　　　　を ください。
　　　　　　　　오　구다사이

생맥주
生ビール
나마비-루

병맥주
瓶ビール
빔비-루

위스키
ウイスキー
우이스끼-

와인
ワイン
와인

소주
焼酎
쇼-츄-

정종
日本酒
니혼슈

마른 오징어
するめ
스루메

조미료   아래 단어를 빈칸에 넣어 보세요

　　　　　을 주세요.

　　　　　を ください。
　　　　　오　구다사이

간장
醤油
쇼-유

겨자
芥子
가라시

마늘
ニンニク
닌니꾸

소금
塩
시오

고추
とうがらし
도-가라시

소스
ソース
소-스

설탕
砂糖
사또-

후추
胡椒
고쇼-

식초
酢
스

고추냉이
わさび
와사비

참기름
ごま油
고마아부라

된장
みそ
미소

식당에서

식기

아래 단어를 빈칸에 넣어 보세요

_____ 을 주세요.

_____ を ください。
　　　　　　　오　구다사이

숟가락

スプーン
스푼-

젓가락

はし
箸
하시

칼
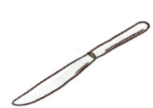
ナイフ
나이후

컵

コップ
곱푸

포크

フォーク
호-꾸

접시

さら
皿
사라

밥그릇

ちゃわん
차왕-

쇼핑에서

계산 아래 단어를 빈칸에 넣어 보세요

_____ 로 계산할게요.
_____ で 支払います。
　　　데 시하라이마스

현금
現金
겡낀

카드
カード
카-도

1円	5円	10円	50円
いちえん	ごえん	じゅうえん	ごじゅうえん
이찌엥	고엥	쥬-엥	고쥬-엥

100円　　　　1000円
ひゃくえん　　せんえん
햐꾸엥　　　　셍엥

500円　　5000円　　10000円
ごひゃくえん　ごせんえん　いちまんえん
고햐꾸엥　　고셍엥　　이찌망엥

쇼핑에서

개수

［　　　　］ 주세요.

［　　　　］ ください。
구다사이

한 개	ひとつ	히또쯔
두 개	ふたつ	후따쯔
세 개	みっつ	밋쯔
네 개	よっつ	욧쯔
다섯 개	いつつ	이쯔쯔
여섯 개	むっつ	뭇쯔
일곱 개	ななつ	나나쯔
여덟 개	やっつ	얏쯔
아홉 개	ここのつ	고꼬노쯔
열 개	とお	토-

색깔   아래 단어를 빈칸에 넣어 보세요

	주세요.
	ください。
	구다사이

색깔		
■ 갈색	茶色 (ちゃいろ)	챠이로
■ 검은색	黒 (くろ)	쿠로
■ 노란색	黄色 (きいろ)	키이로
■ 녹색	緑色 (みどりいろ)	미도리이로
■ 보라색	紫色 (むらさきいろ)	무라사끼이로
■ 분홍색	桃色 (ももいろ)	모모이로
■ 빨간색	赤色 (あかいろ)	아까이로
■ 오렌지색	オレンジ色 (いろ)	오렌지이로
■ 푸른색	青色 (あおいろ)	아오이로
■ 회색	灰色 (はいいろ)	하이이로
■ 흰색	白 (しろ)	시로

쇼핑에서

전자제품

　　　　을 주세요.

　　　　を ください。
　　　　　오　구다사이

컴퓨터
パソコン
파소꽁

노트북
ノートパソコン
노-또 파소꽁

핸드폰
携帯
けいたい
케-따이

MP3플레이어
エムピースリープレーヤー
에무피-스리-프레-야-

디지털 카메라
デジタルカメラ
데지타루카메라

이어폰
イヤホン
이야홍

DVD
ディーブイディー
디-부이디-

게임소프트
ゲームソフト
게-무소후또

32 후다닥 여행 일본어

잡화

아래 단어를 빈칸에 넣어 보세요

　　　　　을 주세요.

　　　　　を ください。
　　　　　오　구다사이

시계
時計
と　けい
도께이

안경
めがね
메가네

선글라스
サングラス
상그라스

핸드폰 줄
携帯ストラップ
けい たい
케-따이스또랍푸

지갑
財布
さい ふ
사이후

반지
指輪
ゆび わ
유비와

목걸이
ネックレス
넥꾸레스

팔찌
ブレスレット
브레스렛또

귀걸이
イヤリング
이야링구

33

쇼핑에서 잡화

　　　　을 주세요.

　　　　を ください。
　　　　오　구다사이

담배
タバコ
타바꼬

라이터
ライター
라이따-

우산
かさ
傘
카사

화장품
けしょうひん
化粧品
케쇼-힝

가방
かばん
鞄
가방

의류

아래 단어를 빈칸에 넣어 보세요

　　　　　　을 주세요.

　　　　　　を ください。
　　　　　　오　구다사이

셔츠
シャツ
샤쯔

티셔츠
ティシャツ
티샤쯔

와이셔츠
ワイシャツ
와이샤쯔

블라우스
ブラウス
브라우스

스웨터
セーター
세-따-

양복
ようふく
洋服
요-후꾸

원피스
ワンピース
왐피-스

넥타이
ネクタイ
네꾸따이

양말
くつした
靴下
구쯔시따

쇼핑에서

의류

　　　　　을 주세요.

　　　　　を ください。
　　　　　　오　구다사이

코트
コート
코-토

바지
ズボン
즈봉

청바지
ジーンズ・ジーパン
진-즈・지-팡

스커트
スカート
스카-토

구두
くつ
靴
구쯔

운동화
うん どう ぐつ
運動靴
운도-구쯔

모자
ぼう し
帽子
보-시

쇼핑에 필요한 기본 형용사 아래 단어를 빈칸에 넣어 보세요

　　　　　　　을 주세요.

　　　　　　　を ください。
　　　　　　　　오　구다사이

비싸다
たか
高い
다까이

싸다
やす
安い
야스이

크다
おお
大きい
오-끼이

작다
ちい
小さい
찌-사이

가볍다
かる
軽い
가루이

무겁다
おも
重い
오모이

쇼핑에서

쇼핑에 필요한 기본 형용사   아래 단어를 빈칸에 넣어 보세요

_____ 네요.

_____ ですね。
　　　　　　데스네

짧다
みじか
短い
미지까이

길다
なが
長い
나가이

많다
おお
多い
오-이

적다
すく
少ない
스꾸나이

새롭다
あたら
新しい
아따라시이

낡다
ふる
古い
후루이

병원, 약국에서

약

｜＿＿＿＿＿｜ 주세요.

｜＿＿＿＿＿｜ ください。
　　　　　　　구다사이

아래 단어를 빈칸에 넣어 보세요

소독약
しょうどくやく
消毒薬
쇼-도꾸야꾸

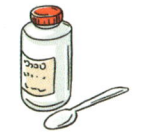

감기약
かぜぐすり
風邪薬
카제구스리

해열제
げねつざい
解熱剤
게네쯔자이

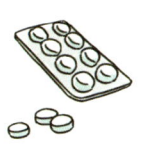

소화제
しょうかざい
消化剤
쇼-까자이

변비약
べんぴやく
便秘薬
벰피야꾸

멀미약
よどめ
酔い止め
요이도메

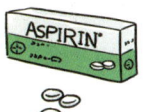

아스피린
アスピリン
아스피링

연고
なんこう
軟膏
낭꼬-

반창고
ばんそうこう
絆創膏
반소-꼬-

39

병원, 약국에서

병명

☐ 예요.

☐ です。
　데스

감기
かぜ
風邪
카제

식중독
しょくちゅうどく
食中毒
쇼꾸쮸-도꾸

두통
ずつう
頭痛
즈쯔-

복통
ふくつう
腹痛
후꾸쯔-

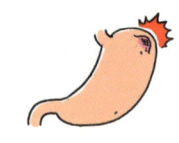

위통
いつう
胃痛
이쯔-

치통
はいた
歯痛
하이따

변비
べんぴ
便秘
벰피

생리통
せいりつう
生理痛
세-리쯔-

멀미
のものよ
乗り物酔い
노리모노요이

증상

아래 단어를 빈칸에 넣어 보세요

_____ (이)가 아파요.
_____ が 痛いです。
　　　　가　이따이데스

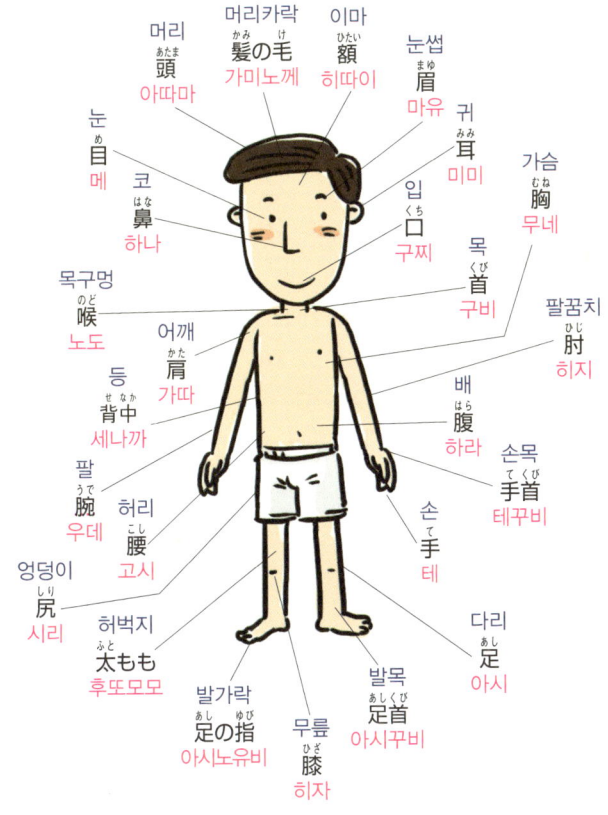

시간, 날

몇 시예요?
何時ですか。
난지데스까

시간					
분	分	분	5분	5分	고훈
초	秒	뵤-	10분	10分	쥬풍
한 시간	一時間	이찌지깡	30분	30分	산쥬풍
두 시간	二時間	니지깡	10초	10秒	쥬-뵤-

날					
오전	午前	고젱	오늘	今日	쿄-
오후	午後	고고	어제	昨日	기노-
저녁	夕方	유-가따	내일	明日	아시따
밤	夜	요루	오늘 아침	今朝	케사
정오	正午	쇼-고	오늘 저녁	今夜	콩야

월

몇 월이에요?
何月ですか。
낭가쯔데스까

	월	
1월	1月 (いちがつ)	이찌가쯔
2월	2月 (にがつ)	니가쯔
3월	3月 (さんがつ)	산가쯔
4월	4月 (しがつ)	시가쯔
5월	5月 (ごがつ)	고가쯔
6월	6月 (ろくがつ)	로꾸가쯔
7월	7月 (しちがつ)	시찌가쯔
8월	8月 (はちがつ)	하찌가쯔
9월	9月 (くがつ)	쿠가쯔
10월	10月 (じゅうがつ)	쥬-가쯔
11월	11月 (じゅういちがつ)	쥬-이찌가쯔
12월	12月 (じゅうにがつ)	쥬-니가쯔
이번 달	今月 (こんげつ)	콩게쯔
다음 달	来月 (らいげつ)	라이게쯔
지난 달	先月 (せんげつ)	셍게쯔

일

며칠이에요?
何日ですか。
난니찌데스까

일					
1일	一日 (ついたち)	쯔이따찌	17일	十七日 (じゅうしちにち)	쥬-시찌니찌
2일	二日 (ふつか)	후쯔까	18일	十八日 (じゅうはちにち)	쥬-하찌니찌
3일	三日 (みっか)	믹까	19일	十九日 (じゅうくにち)	쥬-꾸니찌
4일	四日 (よっか)	욕까	20일	二十日 (はつか)	하쯔까
5일	五日 (いつか)	이쯔까	21일	二十一日 (にじゅういちにち)	니쥬-이찌니찌
6일	六日 (むいか)	므이까	22일	二十二日 (にじゅうににち)	니쥬-니니찌
7일	七日 (なのか)	나노까	23일	二十三日 (にじゅうさんにち)	니쥬-산니찌
8일	八日 (ようか)	요-까	24일	二十四日 (にじゅうよっか)	니쥬-욕까
9일	九日 (ここのか)	코꼬노까	25일	二十五日 (にじゅうごにち)	니쥬-고니찌
10일	十日 (とおか)	토-까	26일	二十六日 (にじゅうろくにち)	니쥬-로꾸니찌
11일	十一日 (じゅういちにち)	쥬-이찌니찌	27일	二十七日 (にじゅうしちにち)	니쥬-시찌니찌
12일	十二日 (じゅうににち)	쥬-니니찌	28일	二十八日 (にじゅうはちにち)	니쥬-하찌니찌
13일	十三日 (じゅうさんにち)	쥬-산니찌	29일	二十九日 (にじゅうくにち)	니쥬-꾸니찌
14일	十四日 (じゅうよっか)	쥬-욕까	30일	三十日 (さんじゅうにち)	산쥬-니찌
15일	十五日 (じゅうごにち)	쥬-고니찌	31일	三十一日 (さんじゅういちにち)	산쥬-이찌니찌
16일	十六日 (じゅうろくにち)	쥬-로꾸니찌			

요일

무슨 요일이에요?

何曜日ですか。

낭요-비데스까

요일		
일요일	日曜日 (にちようび)	니찌요-비
월요일	月曜日 (げつようび)	게쯔요-비
화요일	火曜日 (かようび)	가요-비
수요일	水曜日 (すいようび)	스이요-비
목요일	木曜日 (もくようび)	모꾸요-비
금요일	金曜日 (きんようび)	킹요-비
토요일	土曜日 (どようび)	도요-비
이번 주	今週 (こんしゅう)	콘슈-
다음 주	来週 (らいしゅう)	라이슈-
지난 주	先週 (せんしゅう)	센슈-

숫자

숫자 세는 법

0	ゼロ・れい	제로・레이
1	いち	이찌
2	に	니
3	さん	상
4	し・よん	시・용
5	ご	고
6	ろく	로꾸
7	しち・なな	시찌・나나
8	はち	하찌
9	きゅう・く	큐ー・쿠
10	じゅう	쥬ー
11	じゅういち	쥬ー이찌
12	じゅうに	쥬ー니
13	じゅうさん	쥬ー상
14	じゅうよん	쥬ー용
15	じゅうご	쥬ー고
16	じゅうろく	쥬ー로꾸
17	じゅうなな・じゅうしち	쥬ー나나・쥬ー시찌

18	じゅうはち	쥬-하찌
19	じゅうく	쥬-꾸
20	にじゅう	니쥬-
30	さんじゅう	산쥬-
40	よんじゅう	욘쥬-
50	ごじゅう	고쥬-
60	ろくじゅう	로꾸쥬-
70	ななじゅう	나나쥬-
80	はちじゅう	하찌쥬-
90	きゅうじゅう	큐-쥬-
100	ひゃく	햐꾸
1,000	千(せん)	셍
10,000	一万(いちまん)	이찌망
100,000	十万(じゅうまん)	쥬-망
1,000,000	百万(ひゃくまん)	햐꾸망
1/2	2分の1(にぶんのいち)	니분노 이찌
1/3	3分の1(さんぶんのいち)	산분노 이찌
1/4	4分の1(よんぶんのいち)	욘분노 이찌

Chapter 1 기본표현

인사하기
소개하기
질문하기
대답하기
맞장구 치는 표현
감사 및 사과 표현
부탁하기
칭찬하기

기본표현 인사하기

안녕하세요? (아침 / 점심 / 저녁)
Good morning. / Good afternoon. / Good evening.

잘 지내셨습니까?
How are you?

잘 지냅니다. 당신은요?
I'm fine, and you?

오랜만입니다.
Long time no see.

안녕히 주무세요.
Good night.

또 만납시다.
See you again.

안녕히 가세요.
Good bye.

おはようございます。/ こんにちは。/ こんばんは。
오하요- 고자이마스   곤니찌와   곰방와

お元気ですか。
오겡끼데스까

元気です。あなたは？
겡끼데스   아나따와

お久しぶりですね。
오히사시부리데스네

おやすみなさい。
오야스미나사이

また、会いましょう。
마따   아이마쇼-

さようなら。
사요- 나라

기본표현 소개하기

처음 뵙겠습니다.
How do you do?

어디에서 왔습니까?
Where are you from?

저는 한국에서 왔습니다.
I'm from korea.

성함이 어떻게 되세요?
What's your name?

제 명함입니다.
This is my business card.

만나서 반갑습니다.
I'm glad to see you.

저야말로 만나서 반갑습니다.
I'm glad to see you, too.

はじめまして。
하지메마시떼

どちらから いらしたのですか。
도찌라까라 이라시따노데스까

私は 韓国から 来ました。
와따시와 강꼬꾸까라 키마시따

お名前は 何ですか。
오나마에와 난데스까

私の 名刺です。
와따시노 메-시데스

お会いできて うれしいです。
오아이데끼떼 우레시-데스

私こそ お会いできて うれしいです。
와따시꼬소 오아이데끼떼 우레시-데스

기본표현 질문하기

저기…….
Excuse me.

여기가 어디입니까?
Where am I?

이것은 무엇입니까?
What is this?

지금 몇 시입니까?
What time is it now?

뭐라고 말했습니까?
What did you say?

이것은 무엇에 쓰는 것입니까?
What's this for?

그것은 어디서 살 수 있습니까?
Where can I buy that?

すみませんが。
스미마셍가

ここは どこですか。
고꼬와 도꼬데스까

これは 何ですか。
고레와 난데스까

今 何時ですか。
이마 난지데스까

何と 言ったのですか。
난또 잇따노데스까

これは 何に 使うのですか。
고레와 나니니 쯔까우노데스까

それは どこで 買えますか。
소레와 도꼬데 카에마스까

기본표현 대답하기

예. / 아니요.
Yes. / No.

그렇습니다.
Yes, it is.

아니요, 그렇지 않습니다.
No, it isn't

알겠습니다.
I see.

잘 모르겠습니다.
I don't know.

괜찮습니다.
No, thank you.

예, 고마워요.
Yes, thank you.

はい。(ええ) / いいえ。
하이   에-   이-에

そうです。
소-데스

いいえ、そうではありません。
이-에   소-데와아리마셍

わかりました。
와까리마시따

よく わかりません。
요꾸   와까리마셍

けっこうです。
겍꼬-데스

はい、ありがとう。
하이   아리가또-

기본표현 맞장구 치는 표현

그렇군요.
I see.

역시.
I thought so.

아, 그래요?
Is that so?

정말입니까?
Really?

나도 그렇게 생각합니다.
I think so, too.

설마.
You don´t say!

과연.
Indeed!

そうですね。
소-데스네

やっぱり。
얍파리

ああ、そうですか。
아— 소-데스까

本当(ほんとう)ですか。
혼또-데스까

私(わたし)も そう思(おも)います。
와따시모 소-오모이마스

まさか。
마사까

なるほど。
나루호도

기본표현 감사 및 사과 표현

대단히 감사합니다.
Thank you so much.

친절하게 대해 주셔서 고맙습니다.
I really appreciate your kindness.

저야말로.
It's my pleasure.

죄송합니다. / 미안합니다.
I'm sorry.

정말 죄송합니다.
I am really very sorry.

부디 용서해 주세요.
Please forgive me.

천만에요.
You're welcome.

どうも　ありがとうございます。
도–모　　　아리가또–고자이마스

ご親切に　ありがとうございました。
고신세쯔니　　아리가또–고자이마시따

こちらこそ。
고찌라꼬소

すみません。/ごめんなさい。
스미마셍　　　　고멘나사이

申し訳ございません。
모–시와께고자이마셍

どうか　許して　ください。
도–까　　유루시떼　　구다사이

どういたしまして。
도–이따시마시떼

기본표현 부탁하기

짐 좀 들어 주시겠습니까?
Would you carry the baggage?

부탁이 있어요.
Could you do me a favor?

도와주시겠습니까?
Could you help me?

잠깐만 기다려 주세요.
Please wait a moment

한 번 더 말해 주세요.
Could you repeat that once more?

좀더 천천히 말해 주세요.
Could you speak more slowly, please?

사용방법을 알려 주시겠어요?
Could you tell me how to use?

荷物を 持って くれませんか。
니모쯔오 못떼 　　구레마셍까

お願いが あります。
오네가이가 　아리마스

手伝って もらえますか。
테쯔닷떼 　　모라에마스까

ちょっと 待って ください。
춋토 　　　맛떼 　　구다사이

もう一度 言って ください。
모- 이찌도 잇떼 　　구다사이

もっと ゆっくり 話して ください。
못또 　　육꾸리 　　하나시떼 　구다사이

使い方を 教えて くれませんか。
쯔까이까따오 오시에떼 　구레마셍까

기본표현 칭찬하기

잘하시네요.
Good job.

굉장하네요.
That's great!

참 친절하시네요.
You are very kind.

아름답네요.
So beautiful.

예쁘네요.
Good looking.

귀엽군요.
So cute.

좋은 생각이네요.
Good idea.

上手です ね。
죠-즈데스네

すごいですね。
스고이데스네

とても やさしいですね。
도떼모 야사시-데스네

美しいですね。
우쯔꾸시-데스네

きれいですね。
키레-데스네

かわいいですね。
가와이-데스네

いい 考えですね。
이- 강가에데스네

Chapter 2 기내

Tip. 출국 준비

좌석 찾기

식사와 음료 서비스 받기

기타 서비스 요청하기

간단한 의료 서비스 받기

입국신고서 작성하기

Tip. 출국 준비

출발 전 체크

비자 & 여권 기간 체크
일본정부는 2006년 3월 1일 이후 90일 이내의 단기체재를 목적으로 일본에 입국하기를 희망하는 한국인(취직 또는 취업할 의도를 갖고 입국하는 자는 제외)에 대해 사증(비자)을 취득하지 않고 입국을 인정하는 조치를 취하게 되었다.

※ 단, 여권의 유효기간이 6개월 미만일 경우에는 반드시 연장해야 한다.

항공권 예약
7월이나 8월 중순은 성수기로 항공권이 가장 비싸기 때문에 조금이라도 싸게 구입하려면 비수기에 움직이는 것이 좋다.

※ 항공권 구입 후 체크 사항

- 비행기 편명
- 출발 · 도착 예정 시각
- 출발 · 도착 도시명
- 출발 · 도착 예정 날짜
- 여권에 기재된 영문 이름
- 성별 확인

여행경비 환전
은행의 환전클럽에 가입하거나 직접 창구에 방문한다. 출발 전에 시중 은행에서 환전해 두는 것이 좋으며 엔화는 거의 모든 은행에서 취급한다.

여권용 사진 2장   여권 분실을 대비해 여권 사진 2~3장을 준비한다.

여권과 항공권 사본   여권, 항공권 등의 분실을 대비해 복사본을 준비한다.

로밍 서비스 신청   공항 내 휴대전화 로밍카운터를 이용하면 된다.

비상용 구급약   평소에 복용하는 약이나 진통제, 소화제, 1회용 밴드 등은 필수로 미리 챙겨가는 것이 좋다.

출국하기

공항까지
김포공항의 경우에는 버스나 지하철로 이동이 편리하지만 인천국제공항의 경우 자가용이나 공항 리무진 버스를 이용해야 한다. 출국 2시간 전에는 미리 도착해서 수속준비를 하는 것이 좋다.

공항 리무진 버스 이용안내 www.airportlimousine.co.kr
운행시간과 노선, 실시간 위치 검색이 가능

출국 수속 절차
① 항공사 카운터에서 탑승 수속
② 환전하기
③ 해당자는 병무신고하기
④ 출국세, 공항이용권 구입
⑤ 출입국신고서 작성하기
⑥ 출국 심사
⑦ 면세점에서 쇼핑하기
⑧ 게이트로 이동해서 항공기 탑승

기내 좌석 찾기

제 좌석은 어디입니까?
Where is my seat?

좌석으로 안내해 드릴까요?
Shall I guide you to your seat?

탑승권을 보여 주십시오.
Please show me your boarding pass.

좀 지나가도 될까요?
May I go through?

가방을 선반에 넣어 주세요.
Please put a bag in the overhead compartment.

자리를 바꿔도 될까요?
May I change my seat?

출발은 언제인가요?
What is the estimated time of departure?

私の 席は どこですか。
와따시노 세끼와 도꼬데스까

座席に ご案内 しましょうか。
자세끼니 고안나이 시마쇼-까

搭乗券を 見せて ください。
토-죠-껭오 미세떼 구다사이

ちょっと 通らせて ください。
춋또 토오라세떼 구다사이

かばんを 荷物棚に 入れて ください。
가방오 니모쯔다나니 이레떼 구다사이

席を 替えても いいですか。
세끼오 카에떼모 이-데스까

出発は いつですか。
슙빠쯔와 이쯔데스까

기내 식사와 음료 서비스 받기

식사는 언제 나옵니까?
What time do you serve the meal?

마실 것 좀 주시겠어요?
Can I have something to drink?

어떤 음료가 있습니까?
What kind of do you have?

음료는 뭘로 하시겠습니까?
What would you like to drink?

커피 부탁해요.
Coffee, please.

식사는 필요없습니다.
I don't need a meal.

나중에 먹어도 될까요?
May I have it later?

食事は いつ 出ますか。
쇼꾸지와 이쯔 데마스까

お飲み物を いただけますか。
오노미모노오 이따다께마스까

どんな 飲み物が ありますか。
돈-나 노미모노가 아리마스까

飲み物は 何に なさいますか。
노미모노와 나니니 나사이마스까

ビール
비-루
맥주

お水
오미즈
물

コーヒーを お願いします。
코-히-오 오네가이시마스

食事は 要りません。
쇼꾸지와 이리마셍

後で 食べても いいですか。
아또데 다베떼모 이-데스까

기내 기타 서비스 요청하기

한국 신문을 주세요.
Can I have a Korean newspaper?

기내면세품을 사고 싶은데요.
I would like to buy duty-free items.

이것은 어떻게 끕니까?
How do I turn off the light?

이거 고장인 거 같은데요.
It seems to be broken.

이어폰이 안 들려요.
These earphones are not working.

좌석이 작동하지 않습니다.
This seat doesn't operate.

모포를 주시겠어요?
May I have a blanket?

韓^{かん}国^{こく}の 新^{しん}聞^{ぶん}を ください。
강꼬꾸노 심붕오 구다사이

機^き内^{ない}免^{めん}税^{ぜい}品^{ひん}を 買^かいたいんです。
기나이멘제-힝오 카이따인데스

これは どうやって 消^けしますか。
고레와 도-얏떼 케시마스까

これ、故^こ障^{しょう}のようですけど。
고레 고쇼-노요-데스께도

イヤホンが 聞^きこえません。
이야홍가 기꼬에마셍

座^ざ席^{せき}が 作^さ動^{どう}しません。
자세끼가 사도-시마셍

もうふを もらえますか。
모-후오 모라에마스까

기내 — 간단한 의료 서비스 받기

속이 좋지 않습니다.
I'm not feeling well.

숨쉬기가 곤란해요.
I have trouble breathing.

열이 있습니다.
I have a fever.

몸 상태가 좋지 않습니다.
I feel sick.

멀미약은 있습니까?
Do you have medicine for air-sickness?

두통이 있습니다.
I have a headache.

좀 눕고 싶은데요.
I want to lie down.

気分が 悪いです。
기붕가 와루이데스

息苦しいです。
이끼구루시-데스

熱が あります。
네쯔가 아리마스

体の 具合が 悪いです。
가라다노 구아이가 와루이데스

よい止め薬は ありますか。
요이도메구스리와 아리마스까

頭痛が あります。
즈쯔-가 아리마스

横に なりたいんですが。
요꼬니 나리따인데스가

기내 입국신고서 작성하기

입국카드는 작성하셨습니까?
Did you fill out an immigration form?

이것이 입국카드입니까?
Is this the immigration form?

입국카드 한 장 주세요.
Can I have an immigration form?

쓰는 방법을 가르쳐 주시겠습니까?
Can you show me how to fill out this form?

펜을 빌려 주시겠습니까?
Could you lend me a pen?

영어로 써도 됩니까?
Can I write it in English?

이것으로 됐습니까?
Is it O.K?

入国カードは お書きに なりましたか。
뉴-꼬꾸카-도와 오카끼니 나리마시따까

これが 入国カードですか。
고레가 뉴-꼬꾸카-도데스까

入国カードを 一枚 ください。
뉴-꼬꾸카-도오 이찌마이 구다사이

書き方を 教えて くれませんか。
카끼까따오 오시에떼 구레마셍까

ペンを 貸して もらえますか。
펭오 카시떼 모라에마스까

英語で 書いても いいですか。
에-고데 카이떼모 이-데스까

これで いいですか。
고레데 이-데스까

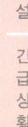

Chapter 3 공항

Tip. 입국하기

입국 심사 받기

짐 찾기

세관 검사 받기

환전 서비스 이용하기

공항 교통 이용하기

Tip. 입국 하기

입국 수속 절차

① 출입국신고서와 세관신고서 작성하기
② 입국 심사 받기
③ 짐 찾기
④ 세관 검사

출입국신고서 작성

여행사를 통해 미리 얻거나, 공항 데스크 또는 비행기 안의 스튜어디스에게 받을 수 있다. 방문목적(관광, 비즈니스, 친척·친구 집 방문)을 적고, 숙박할 곳의 주소는 제대로 적는 것이 좋다. 입국 심사대는 내국인과 외국인 따로 구분(외국인 전용 심사대)되어 있고 작성해놓은 출입국신고서를 도중에 분실했거나, 작성하지 않았다면, 심사대 앞에 비치된 신고서를 작성하면 된다. 입국 심사는 여권과 신고서를 심사관에게 제출하고 지문 채취, 사진 촬영, 입국 심사 순으로 진행된다.

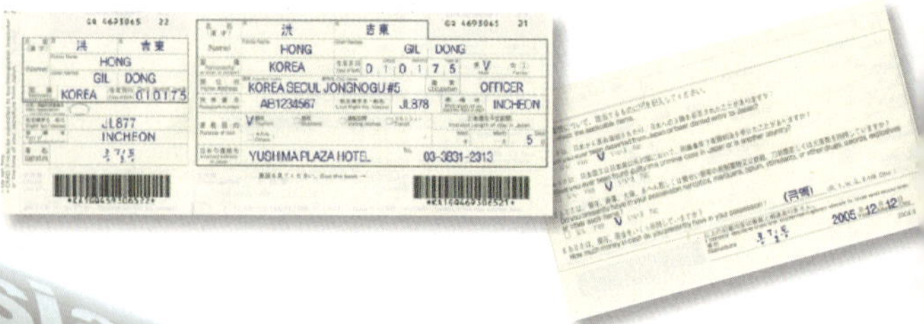

도심으로 이동하기

나리타 공항에서 도심

도쿄 도심까지 가는 가장 저렴한 방법은 게이세이 전철이다. 우에노까지 1,030엔이며 내부는 일반 전철과 같지만, 종착역까지 1시간 반 정도 걸린다는 것이 단점이다. 편하고 빠르게 도심으로 가는 방법에는 스카이라이너가 있는데, 우에노 역까지 약 40분 정도 소요되며 지정좌석이기 때문에 편안하게 갈 수 있다. JR 나리타 익스프레스는 나리타 공항에서 도쿄 도심으로 가는 열차 중 가장 비싼 교통 수단인데, 갈아타는 번거로움이 없어 편리하고 시부야까지의 소요 시간은 약 1시간 20분 정도이다. 공항 리무진 버스는 공항입국장 바로 앞에서 출발하  므로 목적지까지 쉽게 갈 수 있다. 요금은 3,000엔 정도이고 배차 간격은 10분이다.

하네다 공항에서 도심

 하네다 공항에서 도쿄도심으로 가는 방법 중 가장 많이 이용하는 교통수단에는 모노레일과 게이큐 선, 공항 리무진 버스가 있다. 모노레일은 하네다 공항에서 도쿄 도심으로 가는 가장 일반적인 교통수단으로 JR 야마노테 선과 연결되는 하마마츠쵸 역까지 20여분이면 도착한다. 요금은 게이큐 선보다 조금 비싼 편이다. 게이큐 선은 도쿄의 사철(私鐵) 노선의 하나로 하네다 공항에서 JR 야마노테 선 환승역인 시나가와 역까지 400엔으로 갈 수 있는 저렴한 노선이다. 소요 시간은 약 20분으로 특히 긴자나 아사쿠사로 바로 가고자 할 때 편리하다. 리무진 버스는 도심까지 소요 시간도 짧은 만큼 요금도 저렴하다.

간사이 공항에서 도심

간사이 공항에서 오사카 시내로 들어가는 방법 중 첫 번째는 리무진 버스이며, 소요 시간은 60분 정도이다. 두 번째 방법은 JR을 이용하는 방법으로 공항에서 오사카 난바 역까지 60분 정도 소요된다.

공항 - 입국 심사 받기

입국 심사는 어디서 합니까?
Where is the entry examination?

여권을 보여 주세요.
Your passport, please.

입국카드를 보여 주세요.
Please show me your immigration form.

입국 목적은 무엇입니까?
What's the purpose of your visit?

여행입니다.
Travelling.

며칠 간 머무를 예정입니까?
How long will you be staying here?

어디에서 숙박하실 예정입니까?
Where are you going to stay?

入国の 審査は どちらですか。
뉴-꼬꾸노 신사와 도찌라데스까

パスポートを 見せて ください。
파스포-또오 미세떼 구다사이

入国カードを 見せて ください。
뉴-꼬꾸카-도오 미세떼 구다사이

入国の 目的は 何ですか。
뉴-꼬꾸노 모꾸떼끼와 난데스까

旅行です。
료꼬-데스

| ビジネス |
| 비지네스 |
| 비즈니스 |
| 留学 |
| 류-가꾸 |
| 유학 |

何日間 滞在する 予定ですか。
난니찌깐 타이자이스루 요떼-데스까

どこに お泊まりの 予定ですか。
도꼬니 오토마리노 요떼-데스까

공항 — 짐 찾기

짐은 어디에서 찾습니까?
Where can I get my baggage?

타고 오신 항공편은 무엇입니까?
On what flight did you arrive?

유실물센터는 어디입니까?
Where is the lost item center?

제 짐을 잃어버렸습니다.
My baggage is missing.

제 짐이 안 나왔는데요.
My baggage hasn't arrived.

가방이 망가졌어요.
My suitcase has been broken.

이것이 수하물인환증입니다.
Here is my claim tag.

荷物は どこで 受け取るんですか。
니모쯔와 도꼬데 우께또룬데스까

乗って 来た 航空便は 何ですか。
놋떼 키따 코-꾸-빙와 난데스까

遺失物センターは どこですか。
이시쯔부쯔센따-와 도꼬데스까

私の 荷物を なくして しまいました。
와따시노 니모쯔오 나꾸시떼 시마이마시따

私の 荷物が 出てきません。
와따시노 니모쯔가 데떼키마셍

かばんが 壊れて います。
가방가 코와레떼 이마스

これが 荷物引換証です。
고레가 니모쯔히끼까에쇼-데스

공항 — 세관 검사 받기

짐은 이게 전부입니까?
Is this all you have?

신고할 물건은 없습니까?
Do you have anything to declare?

아니요, 없습니다.
No, nothing.

가방을 열어 주십시오.
Would you open this bag?

이것은 무엇입니까?
What's this?

친구에게 줄 선물입니다.
Gifts for my friends.

이것은 가지고 들어가실 수 없습니다.
You are not allowed to bring this.

お荷物は これが 全部ですか。
오니모쯔와   고레가   젬부데스까

何か 申告する ものは ありませんか。
나니까   싱꼬꾸스루   모노와   아리마셍까

いいえ、ありません。
이-에   아리마셍

カバンを 開けて ください。
가방오   아께떼   구다사이

これは 何ですか。
고레와   난데스까

友達に あげる プレゼントです。
도모다찌니 아게루   푸레젠또데스

これは 持ち込むことが できません。
고레와   모찌꼬무고또가   데끼마셍

공항 — 환전 서비스 이용하기

환전소는 어디입니까?
Where is the money exchange counter?

환율이 어떻게 됩니까?
What's the exchange rate?

엔으로 환전해 주세요.
Could you exchange this into Yen?

잔돈을 섞어 주세요.
Can I have some small change?

수수료는 얼마입니까?
How much is the handling fee?

여권은 가지고 왔습니까?
Did you bring your passport?

여기에 서명해 주세요.
Sign your name here, please.

両替所は どこですか。

료-가에쇼와 도꼬데스까

為替レートは どうなって いますか。

카와세레-또와 도-낫떼 이마스까

円に 両替して ください。

엔니 료-가에시떼 구다사이

小銭も 混ぜて ください。

코제니모 마제떼 구다사이

手数料は いくらですか。

테스-료-와 이꾸라데스까

パスポートは 持って 来ましたか。

파스포-또와 못떼 키마시따까

ここに サインして ください。

고꼬니 사인시떼 구다사이

공항 — 공항 교통 이용하기

신주쿠까지 어떻게 가면 되죠?
How do I go to Shinjuku?

스카이라이너는 어디에서 탑니까?
Where do you take the Skyliner?

표는 어디에서 삽니까?
Where can I buy a ticket?

시간은 얼마나 걸립니까?
How long does it take?

관광안내소는 어디입니까?
Where is the tourist information?

시내로 가는 가장 싼 교통수단은 무엇입니까?
What's the cheapest way downtown?

시내로 가는 가장 빠른 교통수단은 무엇입니까?
What's the fastest way downtown?

新宿(しんじゅく)まで どう行(い)けば いいですか。
신쥬꾸마데   도-이께바   이-데스까

スカイライナーは どこで 乗(の)りますか。
스까이라이나-와   도꼬데   노리마스까

切符(きっぷ)は どこで 買(か)いますか。
깁푸와   도꼬데   카이마스까

時間(じかん)は どのくらい かかりますか。
지깡와   도노구라이   가까리마스까

観光案内所(かんこうあんないしょ)は どこですか。
강꼬-안나이쇼와   도꼬데스까

市内(しない)に 行(い)く もっとも 安(やす)い 交通手段(こうつうしゅだん)は 何(なん)ですか。
시나이니 이꾸 못또모   야스이코-쯔-슈당와 난데스까

市内(しない)に 行(い)く もっとも 早(はや)い 交通手段(こうつうしゅだん)は 何(なん)ですか。
시나이니 이꾸 못또모   하야이코-쯔-슈당와 난데스까

Chapter 4 호텔

Tip. 다양한 숙박시설

체크인 (예약을 안 한 경우)

체크인 (예약을 한 경우)

룸서비스 이용하기

호텔 프런트에 문의하기

호텔에서 문제 해결하기

체크아웃

Tip. 다양한 숙박시설

민박

신오쿠보와 신주쿠를 중심으로 한국인이 경영하는 민박이 있고, 일본국제관광진흥회에서는 외국인 방문자를 위해 한 가족이 매우 저렴하게 운영하는 민박가정을 알선하고 있다.

유스호스텔

여행자가 매우 저렴한 가격으로 안전하고 편안하게 머물 수 있는 장소일 뿐만 아니라 세계 각국의 친구를 사귈 수 있는 유스호스텔은 국제유스호스텔협회에서 발행하는 회원증으로 더 저렴하게 이용할 수 있다. 비회원인 경우 회원보다 비싸게 이용하거나 이용 자체를 허가하지 않는 곳도 있으므로 미리 준비해 가는 것이 좋다.
www.kyha.or.kr

비즈니스 호텔

많은 여행자들이 흔히 이용하는 곳인 비즈니스 호텔은 룸서비스가 없으며 규모가 작은 편이다. 체크인·체크아웃 수속은 일반호텔과 비슷하며 객실은 주로 싱글이다.
www.media-japan.co.jp/hotel

료칸

일본의 전통적인 숙박시설인 료칸(旅館)은 일본의 문화와 습관의 독특한 아름다움을 느낄 수 있는 곳으로 단순히 숙박만을 위한 장소라기보다 일본문화를 체험할 수 있는 곳이라고 할 수 있다. 료칸의 요금은 다양해서, 비싼 요금을 받는 고급 료칸도 있지만, 보통은 두 끼 식사가 딸린 1인 1박의 경우 12,000엔에서 20,000엔 정도로, 세금과 서비스요금은 별도로 청구된다.

www.ryokan.or.jp

호텔

일본호텔협회(JHA)에 속하는 400개 이상의 호텔은 만족할만한 서비스와 시설을 자랑하며 일류 호텔의 평균적인 요금은 도쿄의 경우 욕실이 있는 룸이 15,000엔 ~ 30,000엔 정도이고, 욕실이 있는 트윈룸은 25,000엔 ~ 45,000엔 정도이다.

www.j-hotel.or.jp

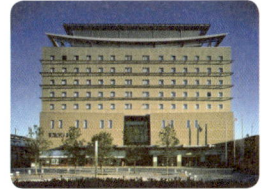

호텔 체크인 (예약을 안 한 경우)

실례하지만, 빈방 있습니까?
Excuse me, do you have a room?

싱글룸으로 부탁합니다.
I'd like a single room.

하루에 얼마입니까?
How much is it a night?

아침 식사는 포함되어 있습니까?
Is breakfast included?

더 싼 방이 있나요?
Is there anything cheaper?

며칠 간 묵으실 겁니까?
How long are you staying?

죄송합니다만, 빈방이 없습니다.
I'm sorry, the rooms are full.

すみませんが、お部屋 ありますか。
스미마셍가　　　　오헤야　아리마스까

シングルルームで お願いします。
싱구루루-무데　　　오네가이시마스

> ダブルルーム
> 다부루루-무
> 더블룸

一泊 いくらですか。
입파꾸　이꾸라데스까

朝食付ですか。
쵸-쇼꾸쯔끼데스까

もう少し 安い部屋は ありますか。
모- 스꼬시　야쓰이헤야와　아리마스까

何日間 お泊まりに なりますか。
난니찌깐　오토마리니　　나리마스까

残念ながら 満室で ございます。
잔넨나가라　　만시쯔데　고자이마스

호텔 — 체크인(예약을 한 경우)

체크인을 부탁합니다.
I'd like to check in, please.

예약하셨습니까?
Do you have a reservation?

성함이 어떻게 되십니까?
May I have your name?

숙박카드를 작성해 주십시오.
Could you fill out the registration form, please?

늦게 도착할 것 같습니다.
I think I will arrive a little late.

예약 취소하지 말아 주세요.
Please don't cancel my reservation.

방까지 짐을 옮겨 주시겠어요?
Could you bring my baggage?

チェックインを お願(ねが)いします。
첵꾸잉오 오네가이시마스

予約(よやく)なさって いますか。
요야꾸나샷떼 이마스까

お名前(なまえ)は 何(なん)ですか。
오나마에와 난데스까

宿泊(しゅくはく)カードに ご記入(きにゅう) ください。
슈꾸하꾸카-도니 고키뉴- 구다사이

到着(とうちゃく)が 遅(おそ)くなると 思(おも)います。
토-챠꾸가 오소꾸나루또 오모이마스

予約(よやく)を キャンセルしないで ください。
요야구오 캰세루시나이데 구다사이

荷物(にもつ)を 部屋(へや)まで 運(はこ)んで くれますか。
니모쯔오 헤야마데 하꼰데 구레마스까

호텔 — 룸서비스 이용하기

룸서비스입니까?
Room service?

룸서비스 부탁합니다.
Room service, please.

식사를 가져다 주세요.
Please bring me something to eat.

모닝콜을 부탁하고 싶은데요.
I'd like to get a wake-up call.

세탁서비스가 가능합니까?
Do you have a laundry service?

룸서비스는 몇 시까지입니까?
What time does room service stop serving?

이건 팁입니다.
Here's your tip.

ルームサービスですか。
루-무사-비스데스까

ルームサービスを お願いします。
루-무사-비스오   오네가이시마스

食事を 持って来て ください。
쇼꾸지오 못떼키떼   구다사이

モーニングコールを お願いしたいんですが。
모-닝구코-루오   오네가이시따인데스가

クリーニング サービスは ありますか。
쿠리-닝구   사-비스와   아리마스까

ルームサービスは 何時までですか。
루-무사-비스와   난지마데데스까

これは チップです。
고레와   칩푸데스

호텔 | 호텔 프런트에 문의하기

한국어가 가능한 사람이 있습니까?
Does anyone here speak Korean?

아침식사는 어디에서 먹습니까?
Where do you serve breakfast?

팩스를 보낼 수 있습니까?
Can I send a FAX?

인터넷을 사용하고 싶습니다만.
I'd like to use the internet.

여기에 귀중품을 맡길 수 있습니까?
Can valuables be left here?

숙박을 연장하고 싶은데요.
I'd like to extend my stay here.

셔틀버스는 몇 시부터 있습니까?
From what time is there a shuttle bus?

韓国語が できる人は いますか。
강꼬꾸고가　데끼루히또와　이마스까

朝食は どこで 食べますか。
쵸-쇼꾸와　도꼬데　다베마스까

ファクスを 送ることが できますか。
확스오　　오꾸루고또가　데끼마스까

インターネットが 使いたいのですが。
인따-넷또가　　쯔까이따이노데스가

ここに 貴重品を 預けられますか。
고꼬니　키쵸-힝오　아즈께라레마스까

宿泊を 延ばしたいのですが。
슈꾸하꾸오　노바시따이노데스가

シャトルバスは 何時から ありますか。
샤또루바스와　　난지까라　아리마스까

호텔 | 호텔에서 문제 해결하기

방에 열쇠를 두고 나왔습니다.
I left the key in my room.

옆방이 너무 시끄러워서 잘 수가 없습니다.
The room next door is very noisy, so I can't sleep.

에어컨이 작동되지 않습니다.
The air conditioner doesn't work.

방이 더워요.
This room is too hot.

온수가 안 나와요.
The hot water is not running.

화장실이 막혔어요.
The toilet is clogged.

의사 좀 불러 주세요.
Please call a doctor.

部屋に 鍵を 置き忘れて 出ました。
헤야니　카기오　오끼와스레떼　데마시따

となりの 部屋が うるさくて 眠れません。
도나리노　헤야가　우루사꾸떼　네무레마셍

エアコンが 動きません。
에아꽁―가　우고끼마셍

部屋が 暑いです。
헤야가　아쯔이데스

お湯が 出ません。
오유가　데마셍

トイレが 詰まって います。
토이레가　쯔맛떼　이마스

医者を 呼んで ください。
이샤오　욘데　구다사이

호텔 체크아웃

체크아웃 하겠습니다.
I'm checking out.

이 금액은 무엇입니까?
What is the price?

지불은 어떻게 하시겠습니까?
How will you pay?

카드로 지불하겠습니다.
Can I pay by credit card?

영수증을 주세요.
Can I have a receipt?

3시까지 이 짐을 맡아주시겠습니까?
Could you keep this baggage until three o'clock?

택시 좀 불러 주세요.
Could you get me a taxi, please?

チェックアウト します。
첵꾸아우또 시마스

この 金額は 何ですか。
고노 킹가꾸와 난데스까

支払いは どのように なさいますか。
시하라이와 도노요-니 나사이마스까

クレジットカードで 支払います。
크레짓또카-도데 시하라이마스

現金
겡낀
현금

領収証を ください。
료-슈-쇼-오 구다사이

3時まで この 荷物を 預かって もらえませんか。
산지마데 고노 니모쯔오 아즈깟떼 모라에마셍까

タクシーを 呼んで ください。
타꾸시-오 욘데 구다사이

Chapter 5 식당

Tip. 식당 이용하기	패스트푸드 주문하기
예약하기	카페에서 주문하기
식당찾기	이자카야에서 주문하기
메뉴 고르기	회전 초밥 주문하기
주문하기	식당에서 문제 해결하기
식사하기	계산하기

Tip. 식당 이용하기

다양하게 즐기는 패스트푸드점 & 덮밥(규동)전문점 & 패밀리레스토랑

모스버거 (モスバーガー)

모스버거는 친환경 유기농 재료로 즉석에서 조리해 주는 일본산 패스트푸드점이다. 신선한 재료와 데리야끼 소스의 잊을 수 없는 맛으로 관광객들에게도 꾸준히 사랑 받고 있다.

www.mos.co.jp

퍼스트 키친 (ファーストキッチン)

가격은 모스버거와 비슷하지만 피자와 스파게티 종류의 메뉴가 더 다양하다.

www.first-kitchen.co.jp

마츠야 (松屋)

많은 매장을 가진 규동(일본식 덮밥) 전문점으로 규동과 함께 다양하고 저렴한 카레 메뉴가 눈길을 끌고 있다. 한 푼이라도 아껴야 하는 여행객이라면 싸면서도 든든하게 해결할 수 있는 규동을 추천한다.

www.matsuyafoods.co.jp

사이제리야 (サイゼリヤ)

패밀리레스토랑은 저렴하면서 맛있는 메뉴로 인기가 많이 있지만 사이제리야는 그 중에서도 더 저렴한 가격으로 유명하다. 이탈리아요리를 중심으로 거의 모든 메뉴를 갖추고 있으며 함박스테이크가 400엔 정도로 굉장히 저렴하다.

www.saizeriya.co.jp

음식점에서 알아 두면 득이 되는 문구

食べ放題 (다베호-다이) 음식 뷔페
飲み放題 (노미호-다이) 음료 뷔페
ご飯おかわり自由に (고항오까와리지유-니)
밥은 마음껏 드실 수 있습니다.
おすすめメニュー (오스스메메뉴-)
추천 메뉴
ランチタイム (란치타이무) 런치 타임
ランチメニュー (란치메뉴-) 런치 메뉴

식권 자판기 이용하기

돈을 넣고 텐나이(店内)버튼을 누르고 원하는 메뉴를 고른다. 선택한 식권이 나오면 식권을 내고 기다리면 된다.

식당 예약하기

예약을 하고 싶습니다.
I'd like to make a reservation.

전화로 예약했습니다만, 확인 부탁합니다.
I have made a reservation by telephone. I would like a confirmation, please.

몇 분입니까?
For how many, sir?

시간은 몇 시쯤으로 하시겠습니까?
Around what time can you come?

금연석이 좋은데요.
I'd like a non-smoking table.

예약 취소는 됩니까?
Can the reservation be canceled?

거기는 어떻게 갑니까?
How do I get there?

予約を　お願いします。
요야꾸오　오네가이시마스

電話で　予約しましたが、確認を　お願いします。
뎅와데　요야꾸시마시따가　카꾸닝오 오네가이시마스

何名様ですか。
남메-사마데스까

お時間は　何時ごろですか。
오지깡와　　난지고로데스까

禁煙席が　いいのですが。
킹엔세끼가　　이-노데스가

> 喫煙席
> 키쯔엔세끼
> 흡연석

予約の　キャンセルは　できますか。
요야꾸노　캰세루와　　　데끼마스까

そちらへは　どうやって　いくのですか。
소찌라에와　　도-얏떼　　　이꾸노데스까

식당 | 식당찾기

이 근처에 맛있는 가게가 있습니까?
Are there any good restaurants near by?

여기에서는 가벼운 식사가 됩니까?
Do you serve light meals here?

6명이 들어갈 수 있어요?
Do you have place for six?

죄송합니다만, 지금 만석입니다.
I'm sorry, but we are full now.

얼마나 기다려요?
How long do I have to wait?

자리가 빌 때까지 기다릴게요.
I will wait until a table becomes available.

합석해도 괜찮으세요?
Is a shared table also ok with you?

この 近くに おいしい店が ありますか。

고노　찌까꾸니　오이시-　미세가　아리마스까

ここでは 軽い食事が できますか。

고꼬데와　가루이쇼꾸지가　데끼마스까

6人 入れますか。

로꾸닌　하이레마스까

申し訳ありませんが、今 満席です。

모-시와께아리마셍가　　이마　만세끼데스

どのくらい 待ちますか。

도노구라이　　마찌마스까

席が 空くまで 待ちます。

세끼가　아꾸마데　　마찌마스

相席でも かまいませんか。

아이세끼데모　가마이마셍까

117

식당 — 메뉴 고르기

메뉴를 보여 주세요.
The menu, please.

한국어 메뉴가 있습니까?
Do you have a Korean menu?

추천 요리는 무엇입니까?
What do you recommend?

가장 빨리 되는 요리는 뭐가 있죠?
Which is the fastest dish?

이건 어떤 요리죠?
What kind of dish is this?

이것과 저것은 뭐가 다르죠?
How are these two dishes different from each other?

둘이서 넉넉히 먹을 수 있는 양입니까?
Is this dish enough for two?

メニューを お願いします。
메뉴-오　　　오네가이시마스

韓国語の メニューは ありますか。
강꼬꾸고노　　메뉴-와　　　아리마스까

おすすめは 何ですか。
오스스메와　　　난데스까

> 今日のスープ
> 쿄-노스-푸
> 오늘의 스프
>
> ランチメニュー
> 란치메뉴-
> 점심 메뉴

一番 早く できる 料理は 何ですか。
이찌방　하야꾸　데끼루　　료-리와　　난데스까

これは どんな 料理ですか。
고레와　　돈나　　　료-리데스까

これと あれは 何が 違うんですか。
고레또　아레와　　나니가　　찌가운데스까

二人で 十分 食べられる量ですか。
후따리데　쥬-분　다베라레루료-데스까

식당 주문하기

주문해도 됩니까?
Could you take my order?

아직 결정하지 못했습니다.
I haven't decided yet.

(옆 테이블을 가리키며)저것과 같은 것으로 주세요.
I would like the same, please.

(메뉴판을 가리키며)이것 주세요.
I would like this, please.

주문을 바꿔도 되겠습니까?
Could I change my order?

더 필요한 것은 없습니까?
Is there something else you need?

디저트는 나중에 주문하겠습니다.
I will order dessert later.

注文しても いいですか。
츄-몬시떼모 이-데스까

まだ 決めてません。
마다 키메떼마셍

あれと 同じのを ください。
아레또 오나지노오 구다사이

これ、ください。
고레 구다사이

注文を 変更しても いいですか。
츄-몽오 헹꼬-시떼모 이-데스까

他に 何か、ございませんか。
호까니 나니까 고자이마셍까

デザートは あとで 注文します。
데자-또와 아또데 츄-몬시마스

식당 — 식사하기

오래 기다리셨습니다.
I am sorry that you had to wait.

맛있게 드십시오.
Enjoy your meal.

먹는 법을 알려 주세요.
Please tell me how to eat this.

개인접시를 주시겠습니까?
Can I have a separate plate?

접시를 치워 주시겠습니까?
Take this away, please.

아직 치우지 말아 주세요.
Please don't take it away.

더 주시겠어요?
Could I have some more?

お待たせいたしました。
오마따세이따시마시따

ごゆっくり 召し上がって ください。
고육꾸리　메시아갓떼　구다사이

食べ方を 教えて ください。
다베까따오　오시에떼　구다사이

とり皿を もらえませんか。
토리자라오　모라에마셍까

スプーン
수풍
숟가락

フォーク
호—꾸
포크

お皿を 下げて もらえますか。
오사라오　사게떼　모라에마스까

まだ、片付けないで ください。
마다　가따즈께나이데　구다사이

おかわりできますか。
오까와리데끼마스까

식당 — 패스트푸드 주문하기

미디엄 콜라 주세요.
medium coke, please.

쿠폰을 가지고 있습니다.
I have a coupon.

햄버거 주세요.
A hamburger, please.

여기서 드시겠습니까?
Are you eating here?

가지고 가게 포장해 주세요.
Take out, please.

케첩과 머스터드를 넣어 주세요.
Please give me ketchup and mustard with that.

여기서 먹겠습니다.
I will eat here.

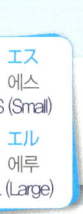

コーラの エムを ください。
코-라노　에무오　구다사이

エス 에스 S (Small)
エル 에루 L (Large)

クーポンを 持って います。
쿠-퐁오　못떼　이마스

ハンバーガー ください。
함바-가-　구다사이

チーズバーガー 짜-즈바-가- 치즈버거
テリヤキバーガー 테리야끼바-가- 데리야끼버거

こちらで 召し上がりますか。
고찌라데　메시아가리마스까

持ち帰りで お願いします。
모찌카에리데　오네가이시마스

ケチャップと マスタードを つけて ください。
케챱푸또　마스따-도오　쯔께떼　구다사이

ここで 食べます。
고꼬데　다베마스

식당 · 카페에서 주문하기

아이스커피를 부탁합니다.
Ice coffee, please.

설탕과 밀크는 필요합니까?
Do you need sugar and milk?

시럽은 넣습니까?
Did you put syrup in?

커피 더 줄 수 있나요?
Could I have more coffee, please?

콜라 대신 커피로 할 수 있을까요?
Could I have coffee instead of coke?

티라미스 케익 주세요.
Tiramisu Cake please.

뜨거운 거랑 차가운 것 어떤 것으로 하겠습니까?
Would you like that hot or cold?

アイスコーヒーを お願いします。
아이스코-히-오 오네가이시마스

> カフェラテ
> 카훼라떼
> 카페라떼
>
> キャラメルマキアート
> 카라메루마끼아-또
> 카라멜마끼아또

お砂糖と ミルクは 必要ですか。
오사또-또 미루꾸와 히쯔요-데스까

シロップは 入れますか。
시롯푸와 이레마스까

コーヒーの おかわりできますか。
코-히-노 오까와리데끼마스까

コーラの 代わりに コーヒーに したいんですが。
코-라노 가와리니 코-히-니 시따인데스가

ティラミスケーキを ください。
티라미스케-끼오 구다사이

ホットと アイス どちらに しますか。
홋또또 아이스 도찌라니 시마스까

식당 — 이자카야에서 주문하기

생맥주 주세요.
Could I have draft beer?

맥주가 별로 차갑지 않습니다.
The beer isn't very cold.

무슨 맥주가 있습니까?
What kind of beer do you have?

안주는 무엇으로 하겠습니까?
What will you take for appetizer?

꼬치구이 주세요.
Could I have kusiyaki?

알코올이 들어가지 않은 것 있습니까?
Is there something non-alcoholic?

한 병 더 주세요.
Could I have another bottle?

生(なま)ビールを ください。
나마비-루오　구다사이

> グレープフルーツサワー
> 구레-푸후루-쯔사와-
> 그레이프프르츠 칵테일

ビールが あまり 冷(ひ)えて いません。
비-루가　아마리　히에떼　이마셍

ビールは 何(なに)が ありますか。
비-루와　나니가　아리마스까

おつまみは 何(なに)に しますか。
오쯔마미와　나니니　시마스까

串焼(くしや)きを ください。
쿠시야끼오　구다사이

> 枝豆(えだまめ)
> 에다마메
> 삶은 콩
>
> 揚(あ)げ豆腐(どうふ)
> 아게도-후
> 두부 튀김

アルコールが 入(はい)ってないのは ありませんか。
아루꼬-루가　하잇떼나이노와　아리마셍까

もう一本(いっぽん) おかわり ください。
모-입퐁　오까와리　구다사이

식당 — 회전 초밥 주문하기

물수건 주세요.
A small damp towel.

오늘의 추천 초밥은 무엇입니까?
What's today's sushi?

이 초밥은 무엇입니까?
What kind of sushi is this?

녹차 주세요.
Could I have tea, please?

녹차는 셀프서비스입니다.
Tea is self-service.

고추냉이 빼 주세요.
One without wasabi, please.

포장도 됩니까?
Do you also offer take out?

おしぼり ください。
오시보리　　　구다사이

今日の おすすめの寿司は 何ですか。
쿄-노　　　오스스메노스시와　　　난데스까

この 寿司は 何ですか。
고노　　스시와　　난데스까

お茶を もらえますか。
오챠오　　　모라에마스까

お茶は セルフサービスです。
오챠와　　　세루후사-비스데스

わさび 抜きで お願いします。
와사비　　누끼데　　　오네가이시마스

持ち帰りも できますか。
모찌카에리모　　　데끼마스까

식당 식당에서 문제 해결하기

아직 안 됐나요?
Is it not ready yet?

꽤 오래전에 주문했습니다만.
I ordered a long time ago.

이건 주문하지 않았어요.
I didn't order this.

좀더 구워 주시겠습니까?
Could you roast this some more?

바꿔 주시겠습니까?
Could you change this?

스프가 식었는데 데워 주시겠어요?
The soup is cold, could you heat it up again?

음식에 이상한 것이 들어 있어요.
There is something strange in my food.

まだですか。
마다데스까

ずいぶん 前に 注文しましたが。
즈이붕 마에니 츄-몬시마시따가

これは 注文して いません。
고레와 츄-몬시떼 이마셍

もう少し 焼いて もらえますか。
모-스꼬시 야이떼 모라에마스까

取り替えて もらえますか。
토리카에떼 모라에마스까

スープが さめましたが、暖めて もらえますか。
스-푸가 사메마시따가 아따따메떼 모라에마스까

料理に 変なものが 入って います。
료-리니 헨나모노가 하잇떼 이마스

식당 계산하기

계산해 주세요.
The bill please.

전부 얼마입니까?
What is the total?

각자 부담해요.
I'll split the bill.

내가 낼 것은 얼마예요?
How much do I have to pay?

내가 사겠습니다.
I'll invite you.

신용카드는 됩니까?
Do you take creditcards?

일시불로 하겠습니까? 할부로 하겠습니까?
Is it made payment in a lump, do you pay in installments?

お会計 お願いします。
오카이께- 오네가이시마스

全部で いくらですか。
젬부데　　이꾸라데스까

割り勘に しましょう。
와리깡니　　　시마쇼-

私の 分は いくらですか。
와따시노 붕와　　이꾸라데스까

私が おごります。
와따시가 오고리마스

クレジットカードは 使えますか。
크레짓또카-도와　　　　쯔까에마스까

一括払いに しますか、分割払いに しますか。
익까쯔바라이니 시마스까　붕까쯔바라이니 시마스까

Chapter 6 교통

Tip. 교통수단

버스 이용하기

전철 · 지하철 이용하기

택시 이용하기

열차 이용하기

렌터카 이용하기

Tip. 교통수단

색으로 구분하는 일본의 전철

야마노테 선(山の手線)은 연두색으로 지상으로만 운행되고 있다. 왼쪽으로 도는 우치마와리(内回り)와 오른쪽으로 도는 소토마와리(外回り)가 있으므로 탈 때 주의하는 것이 좋다.

추오 선(中央線)은 도쿄시내를 동서로 가르는 노선으로 주황색으로 되어 있으며 급행 전철이기 때문에 역마다 정차하지 않는다. 주요 역으로 가고자 할 때 이용하면 편리하다.

소부 선(總武線)은 역마다 정차하는 소부 선은 노란색으로 도쿄 시내를 동서로 가로지르며 일부 구간에서 추오 선과 만나게 된다.

게이힌토호쿠 선(京浜東北線)은 도쿄를 남북으로 연결하며 하늘색인 게이힌토호쿠 선의 일부는 야마노테 선과 겹치기도 하며 낮에는 급행 운행을 하고 있다.

이거 하나면 어디든지 OK!

도쿄 프리티켓 東京フリーきっぷ
어른 1,590엔 어린이 800엔 | 도쿄 23개 구내의 대부분을 1일 동안 승차. 예매한 경우에는 구입일로부터 1개월 이내에 사용 가능. 도쿄 23개 구내를 여행하는 사람에게 추천. 심야버스를 이용할 경우에는 어른 210엔, 어린이 100엔이 필요.

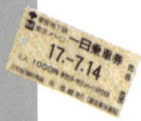
도쿄 메트로・도에이 지하철 1일 승차권
東京メトロ・都営地下鉄 一日乗車券
어른 1,000엔 어린이 500엔 | 도쿄 메트로와 도에이 지하철 양쪽 이용하는 사람에게 추천. 매표기에서만 판매.

도구내패스 都区内パス
어른 750엔 어린이 370엔 | 야마노테 선 등 JR을 중심으로 이동하는 사람에게 추천. 1개월 전부터 예매가 가능.

도쿄메트로 1일 승차권 東京メトロ一日乗車券

어른 600엔 어린이 300엔 | 도쿄 메트로만 이용하는 사람에게 추천. 도쿄 메트로 전 노선 1일 자유 승차. 예매권은 정기권 판매소에서 판매.

도에이 마루고토 티켓 都営まるごときっぷ

어른 700엔 어린이 350엔 | 도에이 지하철에서 도버스로 갈아타거나 왕복으로 이동하는 사람에게 추천. 도에이 지하철, 도버스, 도덴아라카와선, 닛뽀리·토네리라이너를 1일 자유 승차. 예매권은 도에이 정기권발매소에서 판매. 심야버스를 이용할 경우에는 어른 210엔, 어린이 100엔이 필요.

도버스 1일 승차권 都バス一日乗車券

어른 500엔 어린이 250엔 | 도쿄 23개 구내를 1일 동안 도버스로 이동하는 사람에게 추천.

도전철 1일 승차권 都電一日乗車券

어른 400엔 어린이 200엔 | 도전철로 1일 동안 이동하는 사람에게 추천

유리카모메 1일 승차권 ゆりかもめ 一日乗車券

어른 820엔 어린이 410엔 | 유리카모메 각 역의 매표소가 혼잡하기 때문에 1일 동안 유리카모메로 이동하는 사람에게 추천.

교통 — 버스 이용하기

실례합니다만, 버스정류장은 어디입니까?
Excuse me, but where is the bus stop?

시부야에 가고 싶은데, 몇 번 버스를 타면 됩니까?
I'd like to go to Shibuya, which bus should I take?

요금이 얼마죠?
How much is the fare?

요금은 언제 냅니까?
When do I have to pay?

여기서 내려요.
I'll get off here.

도착하면 알려 주세요.
Please tell me when we are there.

갈아타야 합니까?
Do I have to change trains?

すみませんが、バス停はどこですか。
스미마셍가 바스떼-와 도꼬데스까

渋谷へ行きたいんですが、何番バスに乗ればいいですか。
시부야에이끼따인데스가 남방바스니 노레바 이-데스까

料金はいくらですか。
료-낑와 이꾸라데스까

料金はいつ払いますか。
료-낑와 이쯔 하라이마스까

ここで降ります。
고꼬데 오리마스

着いたら教えてください。
쯔이따라 오시에떼 구다사이

乗り換えなければなりませんか。
노리까에나께레바 나리마셍까

교통 — 전철 · 지하철 이용하기

제일 가까운 전철역은 어디입니까?
Where is the closest station?

노선도를 받을 수 있을까요?
Can I get a route map, please.

표는 어디에서 삽니까?
Where can I buy a ticket?

긴자에 가려면 어떻게 갑니까?
How do I get to Ginza?

동쪽 출구가 어디입니까?
Where is the east exit?

여기서 타면 시부야 역으로 갑니까?
Is this bus going to Shibuya station?

어디서 갈아탑니까?
Where do I have to change trains?

一番　近い駅は　どこですか。
이찌방　찌까이에끼와　도꼬데스까

路線図を　もらえますか。
로센즈오　　모라에마스까

切符は　どこで　買うんですか。
깁푸와　　도꼬데　　카운데스까

銀座へは　どうやって　行きますか。
긴자에와　　도-얏떼　　이끼마스까

東口は　どこですか。
히가시구찌와 도꼬데스까

南口	北口	西口
미나미구찌	기따구찌	니시구찌
남쪽 출구	북쪽 출구	서쪽 출구

ここで　乗ると　渋谷駅に　行きますか。
고꼬데　　노루또　　시부야에끼니 이끼마스까

どこで　乗り換えるんですか。
도꼬데　　노리카에룬데스까

교통 택시 이용하기

택시 승차장은 어디입니까?
Where is the taxi stand?

이 근처에서 택시 잡을 수 있어요?
Can I catch a taxi around here?

트렁크 좀 열어 주세요.
Please open the trunk.

어디까지 가세요?
Where to?

(메모를 보여주며) 이 주소로 가 주세요.
To this address please.

여기서 세워 주세요.
Please stop here.

여기서 잠시만 기다려 주시겠습니까?
Could you wait here for a moment?

タクシー乗り場は どこですか。
타꾸시-노리바와 도꼬데스까

この 辺で タクシーを 拾えますか。
고노 헨데 타꾸시-오 히로에마스까

トランクを 開けて ください。
토랑꾸오 아께떼 구다사이

どちらまでですか。
도찌라마데데스까

この 住所まで 行って ください。
고노 쥬-쇼마데 잇떼 구다사이

ここで 止めて ください。
고꼬데 토메떼 구다사이

ここで ちょっと 待って いただけませんか。
고꼬데 춋또 맛떼 이따다께마셍까

교통 열차 이용하기

신오사카행은 몇 번 홈입니까?
Which platform is for Sinosaka?

이 열차는 고베로 갑니까?
Does this train go to Kobe?

식당차는 있습니까?
Is there a dining car?

표 변경 가능합니까?
Can I change this ticket?

편도 2장 주십시오.
Two one way tickets, please.

흡연석과 금연석 어느 쪽으로 하시겠습니까?
Would you like a smoking seat or a non-smoking seat?

몇 시에 도착합니까?
What time do we arrive?

新大阪行きは 何番 ホームですか。

싱오-사까유끼와 남방 호-무데스까

この 列車は 神戸に 行きますか。

고노 렛샤와 고-베니 이끼마스까

食堂車は ありますか。

쇼꾸도-샤와 아리마스까

切符変更は できますか。

깁푸헹꼬-와 데끼마스까

片道 2枚 お願いします。

가따미찌 니마이 오네가이시마스

往復
오-후꾸
왕복

喫煙席と 禁煙席は どちらが よろしいですか。

키쯔엔세끼또 킹엔세끼와 도찌라가 요로시-데스까

何時に 着きますか。

난지니 쯔끼마스까

교통 — 렌터카 이용하기

차를 렌터하고 싶습니다만.
I'd like to rent a car.

어떤 차종으로 하시겠습니까?
What kind of car would you like?

어떤 차가 있습니까?
What kind of cars do you have?

중형차를 빌리고 싶습니다.
I'd like a mid-size car.

국제면허증은 있습니까?
Do you have an international license?

요금에 보험이 포함되어 있습니까?
Does this rate include insurance?

얼마나 사용하시겠습니까?
How long do you use?

車を 借りたいのですが。
구루마오 카리따이노데스가

どんな 種類の車が よろしいですか。
돈나　　　슈루이노구루마가 요로시-데스까

どんな 車が ありますか。
돈나　　　구루마가 아리마스까

中型車を 借りたいのです。
쥬-가따샤오 카리따이노데스

オートマチック
오-또마칙꾸
자동변속방식

小型車
코가따샤
소형차

国際免許証は ありますか。
고꾸사이멩꾜쇼-와　아리마스까

料金に 保険は 含まれていますか。
료-낑니 호껭와　　후꾸마레떼이마스까

どれくらい ご使用に なりますか。
도레쿠라이　　고시요-니　나리마스까

Chapter 7 관광

Tip. 관광하기

관광안내소에 문의하기

길 묻는 표현

관광지에서 (1)

관광지에서 (2)

단체관광

가부키 관람하기

사진 촬영하기

Tip. 관광하기

Zoom in 오다이바

お台場 오다이바
도쿄의 대표적인 명소로 뽑고 있는 오다이바는 도쿄 여행에서 빠지지 않는 테마파크 형태의 쇼핑몰로 외국관광객에게도 인기가 있는 관광명소이다.
access 모노레일 유리카모메를 이용하는 방법과 수상버스를 타고 들어가는 방법, JR 린카이 선으로 가는 방법

Zoom in 지브리 미술관

ジブリ美術館 지부리비쥬쯔깡

애니메이션의 거장 미야자키 하야오가 설립한 지브리 미술관. 애니메이션 필름으로 만든 입장표로 미야자키 감독의 단편 애니메이션을 구경할 수 있다.
access JR 추오 선(中央線) 미타카(三鷹)역 남쪽 출구(南口)로 나와 좌측으로 지브리 미술관행 버스(왕복 300엔)를 타고 5분 소요

JTB 미타카 지점에서 2007년 10월 1일자 부터 당일 입장권 판매를 중단했다. 지브리 미술관 방문 예정인 사람은 한국 KTB 여행사에서 티켓을 구입해야 한다. 현지 편의점 로손에 마련된 단말기(LOPPI)로도 구입할 수도 있지만, 워낙 예약이 밀리는 관계로 원하는 날짜의 티켓을 구하기가 쉽지 않다.

Zoom in 오에도 온천 이야기

大江戸温泉物語 오에도온센모노가따리
일본여행에서 빼놓을 수 없는 즐거움 중 하나가 온천이다. 그 중에서도 오다이바의 오에도 온천 이야기는 도쿄에서 온천을 즐길 수 있는 몇 안 되는 곳 중에 하나이다.
access 유리카모메 테레코무 센터(ゆりかもめテレコムセンター)역에서 도보로 2분

올빼미 여행족의 무료 전망대 즐기기

신주쿠 센터 빌딩 무료 전망 로비 新宿センタービル無料展望ロビー

왼쪽으로는 도쿄타워가, 오른쪽으로 신주쿠의 고층 빌딩들이 펼쳐져 있는 아름다운 야경이 절경이다. add 新宿区西新宿1-25-1新宿センタービル53階 access JR 신주쿠(新宿)역 서쪽 출구에서 도보로 6분

신주쿠 스미토모 빌딩 무료 전망실 로비 新宿住友ビル無料展望ロビー

다이에도(大江戸)선 도청앞(都庁前)역에서 바로 연결. 높이 200m, 51층의 로비에서 후지산을 볼 수 있다. add 新宿区西新宿2-6-1新宿住友ビル51階 access 지하철 도청앞(都庁前)역 A6출구로 나와 바로, JR 신주쿠(新宿)역 서쪽 출구에서 도보로 8분

세이로카 타워 전망실 聖路加タワー展望室

세이로카 타워 47층에 위치한 전망대로 레인보우브릿지와 오다이바, 시오도메가 한 눈에 들어오고 날씨가 좋은 날이면 도쿄 타워, 후지산도 볼 수 있다. 특히 저녁 무렵 석양은 감동 그 자체다. add 中央区明石町8-1聖路加タワー47階 access 지하철 츠키지(築地)역 3번 출구에서 도보로 7분, 지하철 신토미초(新富町)역 6번 출구에서 도보로 8분

관광 · 안내소에 문의하기

관광안내소는 어디입니까?
Where is the tourist information?

무료 관광 지도를 받을 수 있습니까?
Can I have a free tourist map?

재미있는 곳을 추천해 주세요.
Can you recommend any interesting places?

도쿄다운 곳을 보려면 어디로 가면 됩니까?
Where can I find a place that is typical for Tokyo?

이 근처에 온천이 있나요?
Is there a place where I can find hot springs around here?

시내를 한눈에 볼 수 있는 곳이 있습니까?
Is there a place where I can get a view over the city?

젊은이들이 모이는 곳은 어디입니까?
Where do young people usually gather around here?

観光案内所は　どこでしょうか。

강꼬-안나이쇼와　도꼬데쇼-까

無料の　観光地図を　もらえますか。

무료-노　강꼬-찌즈오　모라에마스까

面白い所を　紹介して　くれますか。

오모시로이도꼬로오　쇼-까이시떼　구레마스까

東京らしい所に　行きたいのですが。

도-꾜-라시이도꼬로니　이끼따이노데스가

この　近くに　温泉は　ありますか。

고노　찌까꾸니　온센와　아리마스까

市内を　一望できる所が　ありますか。

시나이오　이찌보-데끼루도꼬로가　아리마스까

若者が　集まるところは　どこですか。

와까모노가　아쯔마루도꼬로와　도꼬데스까

관광 — 길 묻는 표현

메이지신궁에는 어떻게 가면 됩니까?
How do I get to the Meiji Shrine?

이 거리는 뭐라고 합니까?
What is this street called?

역으로 가는 길을 가르쳐 주세요.
Please tell me the way to the station.

걸어서 갈 수 있어요?
Can I go there by foot?

걸어서 몇 분 정도 걸립니까?
How far is the walking distance?

여기서 가까워요?
Is it near here?

이 길은 아사쿠사로 가는 길입니까?
Is this way the way to Asakusa?

明治神宮には どう行けば いいですか。
메-지진구-니와 도-이께바 이-데스까

この 通りは 何と 言いますか。
고노 토오리와 난또 이-마스까

駅までの 道を 教えて ください。
에끼마데노 미찌오 오시에떼 구다사이

歩いて 行けますか。
아루이떼 이께마스까

歩いて 何分くらい かかりますか。
아루이떼 남풍구라이 가까리마스까

ここから 近いですか。
고꼬까라 찌까이데스까

この 道は 浅草へ 行く 道ですか。
고노 미찌와 아사꾸사에 이꾸 미찌데스까

관광 관광지에서 (1)

입장권은 어디에서 팝니까?
Where can I buy admission tickets?

기념 스템프는 어디에 있습니까?
Where is the stamp?

단체할인 됩니까?
Is there a group discount?

이거 무슨 줄입니까?
What line is this?

어느 정도 기다려야 합니까?
How long do I have to wait?

화장실은 어디인가요?
Where is the restroom?

안에 들어갈 수 있습니까?
Can I enter?

入場券は　どこで　売って　いますか。
뉴-죠-껭와　도꼬데　웃떼　이마스까

記念スタンプは　どこに　ありますか。
기넨스땀푸와　도꼬니　아리마스까

団体割引が　できますか。
단따이와리비끼가 데끼마스까

学生割引
각세-와리비끼
학생할인

これは　何の　行列ですか。
고레와　난노　교-레쯔데스까

どれくらい　待たないと　いけませんか。
도레구라이　마따나이또　이께마셍까

トイレは　どこですか。
토이레와　도꼬데스까

中に　入れますか。
나까니　하이레마스까

관광 관광지에서 (2)

관내에서 사진을 찍어도 됩니까?
Can I take a picture from the inside of the building?

이 공원에 대해 설명해 주시겠습니까?
Could you tell me more about this park?

휴관일은 언제입니까?
On which day of the week is this place closed?

이 절은 언제 만들어졌습니까?
When was this temple built?

선물은 어디에서 팝니까?
Where can I find the souvenirs?

족욕할 수 있는 곳은 어디입니까?
Where can I get a footbath?

노천탕은 어디에 있어요?
Where can I find an outdoor hotspring?

館内で 写真を 撮っても いいですか。
칸나이데　샤싱오　톳떼모　이-데스까

この 公園に ついて 説明して いただけますか。
고노　코-엔니　쯔이떼　세쯔메-시떼 이따다께마스까

休館日は 何曜日ですか。
큐-깜비와　낭요-비데스까

この 寺は いつ 作られましたか。
고노　테라와　이쯔　쯔꾸라레마시따까

おみやげは どこで 売って いますか。
오미야게와　도꼬데　웃떼　이마스까

足湯が できる所は どこですか。
아시유가　데끼루도꼬로와　도꼬데스까

露天風呂は どこに ありますか。
로템부로와　도꼬니　아리마스까

관광 / 단체관광

시내 단체관광에 참가하고 싶은데요.
I'd like to take a group excursion of the city.

어떤 관광 코스가 있습니까?
What kind of sightseeing courses do you have?

디즈니랜드에 가는 투어는 있습니까?
Do you have a tour to Disneyland?

일정은 어떻게 됩니까?
How is the schedule?

한 사람당 얼마입니까?
How much is it per person?

자유시간은 있습니까?
Do we have any free time?

어디서 출발합니까?
Where will the tour leave?

市内の 団体観光に 参加したいんですが。
시나이노 단따이깡꼬-니 상까시따인데스가

どんな 観光コースが ありますか。
돈나 깡꼬-코-스가 아리마스까

ディズニーランドに 行くツアーは ありますか。
디즈니-란도니 이꾸 쯔아-와 아리마스까

日程は どうなりますか。
닛떼-와 도-나리마스까

一人当たり いくらですか。
히또리아따리 이꾸라데스까

自由時間は ありますか。
지유-지깡와 아리마스까

どこで 出発しますか。
도꼬데 슙파쯔시마스까

관광 — 가부키 관람하기

가부키를 보고 싶은데요.
I'd like to see kabuki.

가부키는 어디에서 볼 수 있습니까?
Where can I see kabuki?

긴자의 가부키좌에 가면 볼 수 있습니다.
You can see it at the Kabukiza Theater in Ginza.

공연 시작은 몇 시입니까?
What time will the show start?

이 좌석까지 안내해 주시겠습니까?
Could you guide me to this seat?

저 배우의 이름은 무엇입니까?
What is the name of that actor?

아주 재미있었습니다.
I had a great time.

歌舞伎を 見たいんですけど。
가부끼오　　　미따인데스께도

歌舞伎は どこで 見られますか。
가부끼와　　　도꼬데　　　미라레마스까

銀座の 歌舞伎座に 行けば 見られます。
긴자노　　가부끼자니　　　이께바　　미라레마스

開演は 何時ですか。
카이엥와　　난지데스까

この 座席まで 案内して いただけますか。
고노　　자세끼마데　　안나이시떼　이따다께마스까

あの 俳優の名前は 何ですか。
아노　　하이유ー노나마에와　난데스까

とても 楽しかったです。
도떼모　　　다노시깟따데스

| 관광 | ## 사진 촬영하기 |

사진 좀 찍어 주시겠어요?
Could you take a picture?

이 버튼을 누르시면 됩니다.
Press this button.

같이 찍어도 될까요?
Can we take a picture together?

한 장 더 부탁합니다.
Once more, please.

여기서 사진을 찍어도 됩니까?
Can I take pictures here?

저 박물관을 배경으로 찍어 주세요.
Can you please take a picture of me with the museum in the background?

여기는 촬영금지입니다.
It is prohibited to take pictures here.

写真を 撮って いただけますか。
샤싱오 톳떼 이따다께마스까

この ボタンを 押すだけで いいです。
고노 보땅오 오스다께데 이-데스

一緒に 撮っても いいですか。
잇쇼니 톳떼모 이-데스까

もう1枚 お願いします。
모-이찌마이 오네가이시마스

ここで 写真を 撮っても いいですか。
고꼬데 샤싱오 톳떼모 이-데스까

あの 博物館を 背景に 入れて ください。
아노 하꾸부쯔깡오 하이께-니 이레떼 구다사이

ここは 撮影禁止です。
고꼬와 사쯔에-킨시데스

Chapter 8
쇼핑

Tip. 쇼핑하기	전자상가 이용하기
쇼핑 관련 표현	의류매장 이용하기
가격 흥정	편의점 이용하기
계산하기	서점 이용하기
백화점 이용하기	교환 및 환불하기

Tip. 쇼핑하기

알뜰 쇼핑 찬스

돈키호테 ドンキホーテ
약 4만여 종의 폭넓은 상품을 저렴하게 판매하는 돈키호테는 만물상에 가까운 대형 쇼핑몰이다. 24시간 영업으로 언제든지 방문이 가능하며 외국인은 1만엔 이상 구입하면 면세 혜택도 있다.

마츠모토기요시 マツモトキヨシ
일본의 대표적인 DRUG STORE 체인점으로 다양한 의약품과 화장품, 생활용품까지 판매한다.

다이소 ダイソー
외국인들이 많이 찾는 다이소는 100엔 숍이라고 하지만 사실상 소비세를 포함하면 100엔이 넘는 물건도 있다. 주방용품, 생활용품, 욕실용품, 잡화, 인테리어 제품 등 다양하게 상품이 구비되어 있다.

랭킹랭퀸 ランキングランクイーン
현재 일본 내에서 판매중인 상품의 순위를 매겨 판매하는 랭킹랭퀸은 CD부터 식음료, 화장품까지 종류가 다양하다. 일본 최신 트랜드나 정보를 얻고자 한다면 꼭 가야 하는 곳이다.

소비세 환급
TAX REFUND란 표시가 있는 곳에서는 소비세 환급이 가능하며, 백화점, 전자 제품 양판점, 그리고 유명 브랜드 등이 이에 속한다. 같은 매장이라도 소비세 환급에 대한 규정을 다르게 적용하는 경우가 있으니, 구입 전에 반드시 물어보는 것이 좋다.

프리마켓 & 아울렛

프리마켓 フリーマーケット

다양한 계층의 사람들이 자신들이 사용하던 옷이나 액세서리, 신발, 헌책, 화장품 등을 자유롭게 거래하는 벼룩시장이다. 사용하다 불필요하게 된 물건이라 대부분 값이 싸며 잘만 고르면 이 세상에 단 하나밖에 없는 물건을 구할 수 있어서 백화점이나 쇼핑센터와는 다른 쇼핑의 즐거움을 만끽할 수 있다.

www.31.ocn.ne.jp/~recycler

고템바 프리미엄 아울렛 御殿場プレミアムアウトレット

대중적인 브랜드 이외에 명품 브랜드가 입점해 있는 것이 특징인 고템바 프리미엄 아울렛은 이탈리아 현지 가격과 비슷할 정도로 할인을 하고 있다. 교통편은 신주쿠에서 출발하는 고속버스를 이용하는 것이 가장 편리하며 고속버스나 전철을 이용할 경우 JR 고템바 역 앞에 하차해서 고템바 프리미엄 아울렛행 무료 셔틀버스를 이용하면 된다.

www.premiumoutlets.co.jp/gotemba

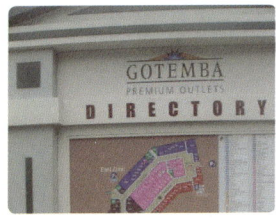

쇼핑 — 쇼핑 관련 표현

상점가는 어디입니까?
Where is the shopping area?

무엇을 찾고 계십니까?
What are you looking for?

샤넬 매장은 어디입니까?
Where is the CHANEL store?

가방을 사고 싶은데요.
I'd like to buy a bag.

이것은 어디에서 살 수 있습니까?
Where can I buy this?

잠깐 구경하는 것뿐입니다.
I was just looking around a little.

저것 좀 보여 주세요.
Could you show me that?

商店街は どこですか。
쇼-뗑가이와 도꼬데스까

何を お探しでしょうか。
나니오 오사가시데쇼-까

シャネル 売り場は どこですか。
샤네루 우리바와 도꼬데스까

かばんが 買いたいんですが。
가방가 카이따인데스가

これは どこで 買えますか。
고레와 도꼬데 카에마스까

ちょっと 見るだけです。
촛또 미루다께데스

あれを ちょっと 見せて いただけますか。
아레오 촛또 미세떼 이따다께마스까

쇼핑 · 가격 흥정

세일은 하고 있습니까?
Are you having a sale now?

이것은 얼마입니까?
How much is this?

너무 비쌉니다.
It's too expensive.

더 싼 것은 없습니까?
Is there something less expensive?

깎아 주세요.
Can you give me a discount?

깎아 주면 사겠습니다.
I will buy it, if you give me a discount.

현금으로 계산하면 쌉니까?
Will it be cheaper if I pay cash?

バーゲンは やって いますか。
바-겐와 얏떼 이마스까

これは いくらですか。
고레와 이꾸라데스까

高すぎます。
다까스기마스

もっと 安いものは ありませんか。
못또 야스이모노와 아리마셍까

負けて ください。
마께떼 구다사이

負けて くれたら 買います。
마께떼 구레따라 카이마스

現金払いなら 安く なりますか。
겡낑바라이나라 야스꾸 나리마스까

쇼핑 — 계산하기

계산은 어디서 합니까?
Where can I pay?

카드로 됩니까?
Can I pay with credit card?

선물용으로 포장해 주시겠습니까?
Can you wrap this as a gift?

전부 합해서 얼마입니까?
How much is it altogether?

아직 거스름돈을 받지 않았습니다.
You haven't given me the change yet.

영수증을 주시겠어요?
Can I have a receipt?

계산이 잘못된 것 같은데요.
I think that the sum is wrong.

会計は どちらですか。
카이께-와 도찌라데스까

カードで 支払い できますか。
카-도데　　시하라이　데끼마스까

ギフト用に 包んで もらえますか。
기후또요-니　쯔쫀데　　모라에마스까

全部で いくらですか。
젬부데　이꾸라데스까

まだ おつりを もらって いません。
마다　오쯔리오　　모랏떼　　　이마셍

領収書を もらえますか。
료-슈-쇼오　모라에마스까

計算が 間違っている みたいですが。
케-상가　마찌갓떼이루　　미따이데스가

쇼핑 백화점 이용하기

이 근처에 백화점은 어디에 있습니까?
Where can I find a department store in this neighborhood?

지금 유행하는 것은 어느 것인가요?
Which one sells the best these days?

향수 3개 주세요.
Please give me three bottles of that perfume.

소비세 포함입니까?
Does this include tax?

예. 여기 영수증과 거스름돈입니다.
Yes. Here is your receipt and the change.

따로 따로 포장해 주시겠습니까?
Could you wrap this separately?

화장품 코너는 어디에 있나요?
Where is the cosmetics department?

この 辺に デパートは どこに ありますか。
고노 헨니 데파-토와 도꼬니 아리마스까

今、流行っているのは どれですか。
이마 하얏떼이루노와 도레데스까

香水 みっつ ください。
코-스이 밋쯔 구다사이

消費税込みですか。
쇼-히제-꼬미데스까

はい。こちら 領収証と おつりです。
하이 고찌라 료-슈-쇼-또 오쯔리데스

別々に 包装して いただけますか。
베쯔베쯔니 호-소-시떼 이따다께마스까

化粧品 コーナーは どこですか。
케쇼-힝 코-나-와 도꼬데스까

쇼핑 — 전자상가 이용하기

디지털 카메라는 어디 있나요?
Where can I find digital cameras?

좀더 성능이 좋은 것은 없습니까?
Is there something that scored better test results?

사용법을 알려 주세요.
Please tell me how to use this.

포인트 카드를 만들고 싶은데요.
I'd like to get a bonus points card.

이것은 한국에서 사용할 수 있습니까?
Can I also use this in Korea?

프리볼트 제품은 있습니까?
Do you have anything that has no voltage limitation?

한국에서 애프터서비스를 받을 수 있습니까?
Do you have an after-sales service in Korea?

デジタルカメラは どちらですか。
데지타루카메라와 도찌라데스까

もっと 性能の いいものは ありませんか。
못또 세-노-노 이-모노와 아리마셍까

使い方を 教えて ください。
쯔까이까따오 오시에떼 구다사이

ポイントカードを 作りたいです。
포인토카-도오 쯔꾸리따이데스

これは 韓国でも 使えますか。
고레와 강꼬꾸데모 쯔까에마스까

フリーボルトの 製品は ありますか。
후리-보루또노 세-힝와 아리마스까

韓国で アフターサービスが できますか。
강꼬꾸데 아후따-사-비스가 데끼마스까

쇼핑 — 의류매장 이용하기

입어 봐도 됩니까?
Can I try it on?

다른 스타일을 보여 주세요.
Please show me something with a different style.

꽉 낍니다. / 헐렁합니다.
It's a tight. / It's a loose.

너무 작아요. / 너무 커요.
Too small. / Too big.

너무 길어요 / 너무 짧아요.
Too long. / Too short.

저한테 어울립니까?
Does this look good on me?

사이즈 수선은 됩니까?
Can the size be adjusted?

試着して みても いいですか。
시챠꾸시떼   미떼모   이-데스까

違うタイプを 見せて ください。
찌가우타이푸오   미세떼   구다사이

きついです。/ゆるいです。
기쯔이데스   유루이데스

小さすぎます。/大きすぎます。
찌-사스기마스   오-끼스기마스

長すぎます。/短すぎます。
나가스기마스   미지까스기마스

私に 似合いますか。
와따시니 니아이마스까

サイズ直しは できますか。
사이즈나오시와   데끼마스까

쇼핑 편의점 이용하기

데워 드릴까요?
Do you want it heated up?

이것을 렌지에 데워 주세요.
I'd like to heated up.

젓가락은 필요합니까?
Do you need chopsticks?

봉투에 넣어 드릴까요?
Do you want a bag with that?

봉지 하나 더 주시겠어요?
Could you give me one more paper bag?

이거 유통기한이 지났어요.
This has passed the expiration date.

컵라면은 어디에 있습니까?
Where can I fine Cup noodles?

温^{あたた}めますか。

아따따메마스까

これを　チンして　ください。

고레오　　　찐시떼　　　　구다사이

お箸^{はし}は　お付^つけしますか。

오하시와　오쯔께시마스까

袋^{ふくろ}に　入^いれますか。

후꾸로니 이레마스까

袋^{ふくろ}を　もう一枚^{まい}　もらえますか。

후꾸로오　모-이찌마이　모라에마스까

これ　賞味期限^{しょうみきげん}が　きれています。

고레　　쇼-미끼겡가　　　키레떼이마스

カップラーメンは　どこに　ありますか。

캅푸라-멘와　　　　　　도꼬니　아리마스까

쇼핑 — 서점 이용하기

책을 찾고 있습니다만.
I'm looking for a book.

소설은 어디 있나요?
Where do I find novels?

만화 코너는 어느 쪽인가요?
Where is a Cartoon section?

커버를 씌워 드릴까요?
Do you want a dust cover for the book?

봉투에 넣어 주세요.
Please put it in a bag.

포인트 카드 가지고 계십니까?
Do you have a card for bonus points?

만들어 드릴까요?
Would you like one?

本を 探して いるのですが。
홍오 사가시떼 이루노데스가

小説は どこに ありますか。
쇼-세쯔와 도꼬니 아리마스까

雑誌
잣시
잡지

実用書
지쯔요-쇼
실용서

マンガ コーナーは どちらですか。
망가 코-나-와 도찌라데스까

カバーを おかけしますか。
카바-오 오까께시마스까

袋に 入れて ください。
후꾸로니 이레떼 구다사이

ポイントカードは お持ちですか。
포인토카-도와 오모찌데스까

お作りいたしますか。
오쯔꾸리이따시마스까

쇼핑 — 교환 및 환불하기

이것을 반품할 수 있습니까?
I'd like to return this.

치수 좀 바꿔 주세요.
Can I get another size?

버튼이 떨어져 있었어요.
A button fell off.

찢어져 있었어요.
It was already torn.

얼룩이 묻어 있어요.
There is a stain.

영수증은 가지고 왔습니까?
Did you bring the receipt?

환불 받고 싶습니다만.
Can I get a refund on this?

これを 返品することは できますか。
고레오 헴핀스루꼬또와 데끼마스까

サイズを 交換して ください。
사이즈오 코-깐시떼 구다사이

ボタンが 取れて いました。
보땅가 토레떼 이마시따

破れて いました。
야부레떼 이마시따

シミが ついて います。
시미가 쯔이떼 이마스

領収証は 持って 来ましたか。
료-슈-쇼-와 못떼 키마시따까

返金して もらいたいんですが。
헨낀시떼 모라이따인데스가

Chapter 9 공공시설

Tip. 공공시설 이용하기

전화 이용하기 (1)

전화 이용하기 (2)

우체국 이용하기

은행 이용하기

Tip. 공공시설 이용하기

일본에서 ATM 이용

비자나 마스터 카드는 해외에서도 현금서비스가 가능하다. 한국 신용카드로 일본에서 현금서비스를 받으려면 시티은행, 세븐일레븐, 우체국을 이용하면 된다.

카드 넣고 ➔ 인출 버튼 ➔ 비밀번호 입력 ➔ 인출

공중전화로 한국에 전화 걸기

일본의 공중전화 국내 전용(Domestic)과 해외로 걸 수 있는 국제용(International)이 있다. 지폐, 동전, 전화카드를 사용할 수 있으며, 효율적으로 사용하려면 전화카드를 구입하는 것이 좋다.

수신자 부담으로 한국에 전화 걸기

해외에서 한국으로 수신자 부담 전화를 걸 때는 안내방송에 따라 하면 된다. 가끔은 연결이 되지 않는 공중전화도 있지만 그때는 10엔 동전을 넣고 통화를 한 후 수화기를 내리면 동전이 나온다.

코인락커 (コインロッカー)

코인락커는 도쿄 지하철 역사 안에서 쉽게 볼 수 있다. 짐의 크기에 따라 작은 것과 큰 것이 있다. 관광을 하면서 짐이 많을 경우나 비행기 시간까지 관광이나 쇼핑을 위해 짐을 보관해 놓기에 적당하다. 먼저 짐을 넣고 동전을 투입하고 열쇠로 잠그면 된다. 일본의 코인락커는 한 번 열면 다시 돈을 넣어야 하므로 주의해야 한다.

공공시설 전화 이용하기 (1)

이 근처에 공중전화는 있어요?
Is there a public telephone around here?

전화카드는 어디에서 살 수 있나요?
Where can I buy a telephone card?

전화카드 3,000엔짜리를 주세요.
Please give me phone card for 3000 yen.

국제전화가 가능한 공중전화는 어디 있습니까?
Where can I find a public telephone which I can use to make an international call?

한국으로 전화를 걸고 싶은데요.
I'd like to call Korea.

이 전화로 국제전화는 됩니까?
Can I make an international call from this telephone?

얼마 넣습니까?
How much do I put in?

この 近くに 公衆電話は ありますか。
고노　찌까꾸니　코-슈-뎅와와　아리마스까

テレフォンカードは どこで 買えますか。
테레홍카-도와　도꼬데　카에마스까

テレフォンカード 3千円のを ください。
테레홍카-도　산젠엔노오　구다사이

国際電話ができる 公衆電話は どこでしょうか。
고꾸사이뎅와가데끼루　코-슈-뎅와와　도꼬데쇼-까

韓国に 電話を かけたいのですが。
강꼬꾸니　뎅와오　가께따이노데스가

この 電話で 国際電話が できますか。
고노　뎅와데　고꾸사이뎅와가　데끼마스까

いくら 入れるんですか。
이꾸라　이레룬데스까

공공시설 전화 이용하기 (2)

다나카 씨 부탁합니다. (바꿔 주세요)
Mr. Tanaka, please.

지금 자리에 안 계십니다만.
He isn't at his desk right now.

언제쯤 돌아옵니까?
When does he return?

메모 좀 남기고 싶은데요.
I'd like to leave a memo.

전화 부탁한다고 전해 주십시오.
Please tell him to give me a call.

다음에 다시 걸겠습니다.
I'll call you again later.

미안합니다. 잘못 걸었습니다.
Excuse me, but I dialed the wrong number.

たなかさんを お願(ねが)いします。
다나까상오　　　오네가이시마스

席(せき)を 外(はず)して おりますが。
세끼오　하즈시떼　오리마스가

いつごろ 戻(もど)りますか。
이쯔고로　　　모도리마스까

メモを 残(のこ)したいんですが。
메모오　　　노꼬시따인데스가

電話(でんわ)を くださるよう お伝(つた)え ください。
뎅와오　　구다사루요-　　오쯔따에　　구다사이

後(のち)ほど また お電話(でんわ)いたします。
노찌호도　마따　오뎅와이따시마스

すみません、間違(まちが)えました。
스미마셍　　　마찌가에마시따

공공시설 우체국 이용하기

우체국은 어디에 있습니까?
Where can I find a post office?

등기를 보내는 창구는 몇 번입니까?
Where do I have to go to send registered mail?

서울까지 이것을 보내고 싶은데요.
I'd like to send this to Seoul.

항공편입니까? 배편입니까?
Is it airmail or surface mail?

항공편으로 부탁합니다.
By airmail, please.

내용물은 무엇입니까?
What are the contents?

서류입니다.
It's documents.

郵便局は どこに ありますか。
유-빙꾜꾸와 도꼬니 아리마스까

書留を 送る 窓口は 何番ですか。
카끼또메오 오꾸루 마도구찌와 남반데스까

ソウルまで これを 送りたいのですが。
소우루마데 고레오 오꾸리따이노데스가

航空便ですか。船便ですか。
코-꾸-빈데스까 후나빈데스까

航空便で お願いします。
코-꾸-빈데 오네가이시마스

中身は 何ですか。
나까미와 난데스까

書類です。
쇼루이데스

本 혼
책

お菓子 오까시
과자

공공시설 은행 이용하기

은행을 찾고 있는데요.
I'm looking for a bank.

여기에서 환전할 수 있습니까?
Can I exchange money here?

엔으로 바꾸고 싶은데요.
Could you exchange this into yen?

환전창구는 어디입니까?
Where is the money exchange desk?

여권을 보여 주세요.
Could you show me your passport?

이 서류에 기입해 주세요.
Please fill out this form.

현금자동지급기는 어디에 있습니까?
Where can I find an ATM?

銀行を 探して いるんですが。
깅꼬-오 사가시떼 이룬데스가

ここで 両替 できますか。
고꼬데 료-가에 데끼마스까

円に 替えて いただけますか。
엔니 카에떼 이따다께마스까

両替窓口は どこですか。
료-가에마도구찌와 도꼬데스까

パスポートを 見せて ください。
파스포-또오 미세떼 구다사이

この 書類に 記入して ください。
고노 쇼루이니 키뉴-시떼 구다사이

ATM機は どこに ありますか。
에-띠-에무끼와 도꼬니 아리마스까

Chapter 10 긴급상황

Tip. 긴급상황 대처

분실 및 도난 사고

교통사고

건강 이상 (1)

건강 이상 (2)

건강 이상 (3)

Tip. 긴급상황 대처

여권 분실 여권을 잃어버리면

여행도 할 수 없고 한국으로 돌아올 수도 없으므로 잘 간수해야 한다. 만일 여권을 잃어버리면 곧바로 대사관이나 영사관 등에서 재발급 수속을 밟는다.

여행자수표를 잃어버렸을 때

여행자수표는 분실증명서가 있으면 2~3일만에 재발급이 가능하다. 발행한 은행의 현지 지점으로 가는 것이 가장 빠르지만, 지점이 없을 경우에는 시중은행으로 가야 한다.

항공권을 분실했을 때

항공권을 잃어버리면 거의 모든 항공사에서 재발급을 해 준다. 하지만 할인 항공권은 거의 재발행되지 않는다고 보는 것이 좋다.

분실·도난·사고 위험한 상황에 대비하려면

머물고 있는 주소, 방 번호 등을 알아 두는 것이 좋다.

배낭이나 물건을 분실했을 때

경찰서에 신고하여 분실증명서를 받아오면 보험가입자에 한해서 보상이 가능하다.

교통사고가 났을 때

만약의 사고를 대비해서 최근 해외여행보험에 드는 것이 선택이 아닌 필수가 되었다. 사고를 당했을 경우 긴급구조 요청을 하고, 보험 청구를 위해 영수증도 받아 놓도록 한다.

병이 났을 때

제일 좋은 방법은 가벼운 증상일 경우를 대비하여 여행을 떠나기 전에 비상약을 준비해 두는 것이다. 만약 심각한 상태일 경우에는 교환에게 문의하여 병원에 가거나 도움을 요청하도록 한다.

긴급

경찰	110
소방 / 구급 / 구조	119
한국 대사관	03)3452-7611

분실물 취급소

도쿄 메트로 종합 분실물 센터	03)3834-5577
JR 히가시니혼 분실물 센터	050)2016-1603
택시	03)3648-0300
도에이 교통(버스 / 지하철)	03)3812-2011

긴급상황 분실 및 도난 사고

여권을 잃어 버렸습니다.
I lost my passport.

어디서 잃어 버렸는지 모르겠어요.
I don't know where I lost it.

도난증명서를 써 주십시오.
I would like to report a theft.

한국 대사관에 가서 재발급 받으세요.
Please go to Korea embassy and have it reissued.

지갑을 잃어 버렸습니다.
I lost my purse.

경찰에 신고하세요.
Please report it to the police.

카드는 바로 은행에 신고해 주세요.
Please report your lost card to the bank right away.

パスポートを なくして しまいました。
파스포-또오 나꾸시떼 시마이마시따

どこで なくしたか わかりません。
도꼬데 나꾸시따까 와까리마셍

盗難証明書を 書いて ください。
토-난쇼-메-쇼오 카이떼 구다사이

韓国大使館に 行って、再発行して もらって ください。
강꼬꾸따이시깐니 잇떼 사이학꼬-시떼 모랏떼 구다사이

財布を なくしました。
사이후오 나꾸시마시따

警察に 届けて ください。
케-사쯔니 토도께떼 구다사이

カードは すぐ 銀行に 届けて ください。
카-도와 스구 깅꼬-니 토도께떼 구다사이

긴급상황 교통사고

도와 주세요.
Please help me.

괜찮으세요?
Are you okay?

자동차에 치였습니다.
I was hit by a car.

차와 충돌했어요.
I collided with another car.

다쳤어요.
I am injured.

구급차를 불러 주세요.
Please call an ambulance.

경찰을 불러 주세요.
Please call the police.

助けて ください。
다스께떼 구다사이

大丈夫ですか。
다이죠-부데스까

車に ひかれました。
구루마니 히까레마시따

車と 衝突しました。
구루마또 쇼-또쯔시마시따

ケガを しました。
케가오 시마시따

救急車を 呼んで ください。
큐-뀨-샤오 욘데 구다사이

警察を 呼んで ください。
케-사쯔오 욘데 구다사이

긴급상황 건강 이상 (1)

배가 아픕니다.
I have a stomachache.

출혈이 안 멈춰요.
The bleeding doesn't stop.

발목을 삐었어요.
I sprained my ankle.

다리에 쥐가 났어요.
I have a cramp in my leg.

이가 아파요.
I have a toothache.

머리가 아파요.
I have a headache.

가려워요.
It itches.

おなかが 痛いです。
오나까가　이따이데스

出血が 止まりません。
슉께쯔가　토마리마셍

足首を くじきました。
아시꾸비오 쿠지끼마시따

足が つりました。
아시가　쯔리마시따

歯が 痛いです。
하가　이따이데스

頭が 痛いです。
아따마가 이따이데스

かゆいです。
가유이데스

긴급상황 건강 이상 (2)

설사가 심합니다.
I have severe diarrhea.

눈에 뭐가 들어갔어요.
I have something in my eye.

어지러워요.
I feel dizzy.

두드러기가 심해요.
I have severe hives.

속이 메슥거려요.
I feel sick in the stomach.

토할 것 같아요.
I have nausea.

화상을 입었어요.
I got burned.

げりが　ひどいです。
게리가　　히도이데스

目(め)に　何(なに)か　入(はい)ったんです。
메니　　나니까　하잇딴데스

めまいが　します。
메마이가　　　시마스

じんましんが　ひどいです。
짐마싱가　　　　히도이데스

むかむか　します。
무까무까　　시마스

吐(は)き気(け)が　します。
하끼께가　　시마스

火傷(やけど)を　しました。
야께도오　시마시따

긴급상황 건강 이상 (3)

이 근처에 병원이 있습니까?
Is there a hospital close by?

가장 가까운 병원으로 가 주세요.
To the nearest hospital, please.

한국어를 할 수 있는 분이 있습니까?
Is there someone who can speak Korean?

진단서를 써 주세요.
Can I please have a written diagnosis?

이 처방전을 가지고 약국에 가세요.
Please go to a pharmacy with this prescription.

이 처방전의 약을 주세요.
Can I have medicine for this prescription?

하루에 몇 번 먹으면 됩니까?
How many times a day should I take this medicine?

この 近くに 病院は ありますか。
고노 찌까꾸니 뵤-잉와 아리마스까

一番 近い 病院まで お願いします。
이찌방 찌까이 뵤-잉마데 오네가이시마스

韓国語を 話せる人は いますか。
강꼬꾸고오 하나세루히또와 이마스까

診断書を 書いて ください。
신단쇼오 카이떼 구다사이

この 処方箋を 持って 薬局に 行って ください。
고노 쇼호-센오 못떼 약꾜꾸니 잇떼 구다사이

この 処方箋の薬を ください。
고노 쇼호-센노구스리오 구다사이

一日に 何回 飲めば いいですか。
이찌니찌니 낭까이 노메바 이-데스까

Chapter 11 귀국

Tip. 귀국

항공권 예약 및 변경

공항에서 출국 수속

전송 나온 사람이 있을 때

결항 · 연착 및 비행기를 놓쳤을 때

Tip. 귀국

공항 출국 절차

출국 준비
① 여행 가방 정리하고 숙소 체크아웃 하기
② 출발 2시간 전에 공항에 도착해서 항공사 카운터에서 체크인 하기
③ 출국 수속하기

출국 수속 절차
① 공항 도착
② 여권 검사
③ 탑승권 받기
④ 출국장 이동
⑤ 출국 심사
⑥ 비행기 탑승
⑦ 일본 출국하기

입국하기
① 입국 수속하기 (여권, 입국신고서)
② 짐 찾기 (비행기 편명이 적힌 테이블에서 회수)
③ 세관 심사 받기 (신고할 내용이 없는 경우 그냥 통과)

일본어 교재 추천

버전업 굿모닝 독학 일본어 첫걸음
(CD 2장 + 쓰기노트 + 핸드북) 13,500원
일본어를 전혀 모르는 완전초보자를 위한 독학용 일본어 학습서로 회화문을 통한 문법해결 방식이 아닌 먼저 중요 학습포인트를 학습한 후 스스로 회화문의 이해를 돕도록 구성하였다. 오십음도와 쓰기노트에 함께 제공하여, 일본어를 처음 시작하는 학습자들도 쉽게 학습할 수 있도록 배려한 최고의 입문서이다.

1일 30분 일본어 기초 회화
(MP3 미니CD 1장 + 일본어 펜맨십) 12,500원
한 과의 공부 분량을 30분으로 구성하여 자투리 시간을 이용하여 공부할 수 있다는 점이 특징이다. 일본인과 한국인 성우가 동시에 녹음한 MP3 파일을 미니CD로 제공하기 때문에 전철 안이나 버스 안에서도 간편히 공부할 수 있다. 부록으로 일본어 펜맨십과 명함크기 오십음도가 포함되어 있으며, 음성강의 MP3 파일은 dongyangbooks.com에서 무료로 내려받을 수 있다.

35일 완성 일본어 문법
(CD 1장) 8,500원
이 책은 일본어를 처음 공부하는 사람이 꼭 알아야 할 문법, 일본어의 모든 문법을 응용하여 사용하는 데 필요한 최소한의 문법을 소개한 것으로, 하루에 두 시간 정도씩 투자하여 한 달이면 모두 익힐 수 있도록 구성되었다. dongyangbooks.com에서 무료로 동영상 강의를 볼 수 있다.

귀국 — 항공권 예약 및 변경

예약을 확인하고 싶은데요.
I'd like to confirm my reservation.

이름과 출발날짜를 말씀해 주십시오.
Please give me the day of departure and your name.

서울로 가는 KAL062편입니까?
This is KAL flight 062 for Seoul, isn't it?

창가쪽 자리로 부탁합니다.
A window seat, please.

예약 확인되었습니다.
Your reservation has been confirmed.

출발시간을 확인하고 싶은데요.
I'd like to confirm the departure time.

출발시간 변경이 가능합니까?
Is it possible to change the departure time?

予約を 確認したいんですが。
요야꾸오 카꾸닌시따인데스가

お名前と 出発の日を どうぞ。
오나마에또 슙파쯔노히오 도-조

ソウル行きの KAL062便ですか。
소우루유끼노 카루제로로꾸니빈데스까

窓側の 席を お願いします。
마도가와노 세끼오 오네가이시마스

予約の 確認が できました。
요야꾸노 카꾸닌가 데끼마시따

出発の 時間を 確認したいんですが。
슙파쯔노 지깡오 카꾸닌시따인데스가

出発時間の 変更は できますか。
슙파쯔지깡노 헹꼬-와 데끼마스까

귀국 — 공항에서 출국 수속

대한항공 카운터는 어디입니까?
Where is the counter of Korean Air?

항공권과 여권을 보여 주세요.
Please show me your airline ticket and passport.

짐은 이곳에 올려 주세요.
Please put the baggage you want to check in here.

짐은 이것뿐입니까?
Is the the only baggage?

이 태그를 붙여 주세요.
Please attach this tag.

이 가방은 기내에 들고 갑니다.
This is the bag I want to take aboard.

탑승 게이트는 몇 번입니까?
What number is the boarding gate?

大韓航空の　カウンターは　どこですか。
다이깡코-꾸-노 카운따-와　　　도꼬데스까

航空券と　パスポートを　見せて　ください。
코-꾸-껭또 파스포-또오　　　미세떼　　구다사이

お荷物は　ここに　置いて　ください。
오니모쯔와　고꼬니　오이떼　　구다사이

お荷物は　これだけですか。
오니모쯔와　고레다께데스까

この　タグを　つけて　ください。
고노　　타구오　　쯔께떼　　구다사이

この　カバンは　機内に　持ち込みます。
고노　　가방와　　기나이니　모찌꼬미마스

搭乗ゲートは　何番ですか。
토-죠-게-또와　남반데스까

귀국 — 전송 나온 사람이 있을 때

정말 신세 많이 졌습니다.
That was very kind.

아니요, 천만에요.
No, you're welcome.

덕분에 매우 즐거웠습니다.
Thanks to you, I had a great time.

한국에도 놀러 오세요.
Please also come and visit me in Korea.

사진도 보낼게요.
I will send you the pictures.

한국 여행은 제게 맡겨 주십시오.
I will take care of your travel arrangements in Korea.

그럼 건강하세요. 안녕히 계세요.
Take care. Good-bye.

大変、お世話に なりました。
다이헨　오세와니　나리마시따

いいえ、どういたしまして。
이-에　도-이따시마시떼

おかげさまで、とても 楽しかったです。
오까게사마데　도떼모　다노시깟따데스

韓国にも 遊びに 来て ください。
강꼬꾸니모　아소비니　키떼　구다사이

写真も お送りします。
샤심모　오오꾸리시마스

韓国旅行は 私に 任せて ください。
강꼬꾸료꼬-와　와따시니　마까세떼　구다사이

では、お元気で。さようなら。
데와　오겡끼데　사요-나라

귀국 결항·연착 및 비행기를 놓쳤을 때

서울행 비행기를 놓쳤습니다만.
I missed my flight for Seoul.

서울행 다음 비행기는 언제 출발합니까?
When is the next flight for Seoul departing?

왜 결항이 되었습니까?
Why was it delayed?

어느 정도 기다리면 됩니까?
How long do I have to wait?

어느 정도 늦어집니까?
How much will it be delayed?

몇 시에 탑승이 가능합니까?
What time can I board?

바로 탑승해 주세요.
Please board immediately.

ソウル行きの 便に 乗り遅れたんですが。
소우루유끼노 빙니 노리오꾸레딴데스가

ソウル行きの 次の便は いつ 出発ですか。
소우루유끼노 쯔기노빙와 이쯔 슙파쯔데스까

なぜ 決行に なったのですか。
나제 켁꼬-니 낫따노데스까

どれくらい 待たなくては いけませんか。
도레구라이 마따나꾸떼와 이께마셍까

どれくらい 遅れますか。
도레구라이 오꾸레마스까

何時に 搭乗 できますか。
난지니 토-죠- 데끼마스까

すぐに ご搭乗 ください。
스구니 고토-죠- 구다사이

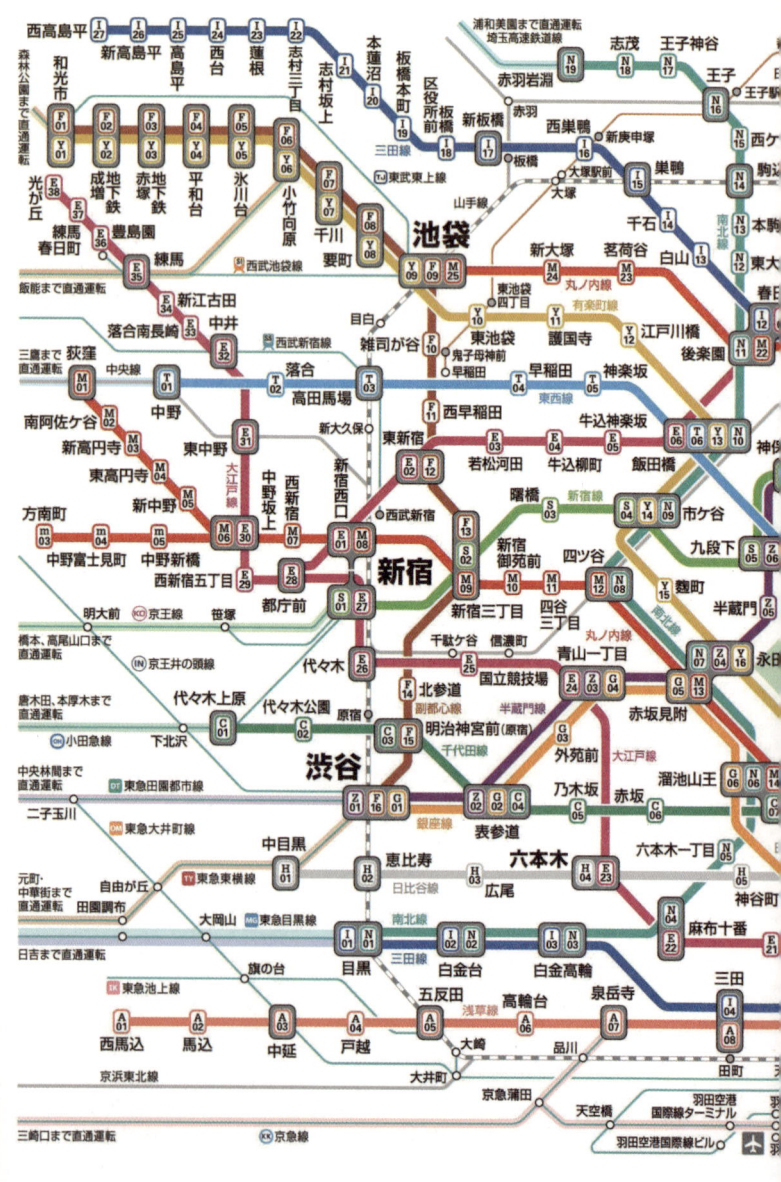

오십음도 (五十音図)

히라가나 (ひらがな)

あ [a]	か [ka]	さ [sa]	た [ta]	な [na]	は [ha]	ま [ma]	や [ya]	ら [ra]	わ [wa]
い [i]	き [ki]	し [shi]	ち [chi]	に [ni]	ひ [hi]	み [mi]		り [ri]	
う [u]	く [ku]	す [su]	つ [tsu]	ぬ [nu]	ふ [fu]	む [mu]	ゆ [yu]	る [ru]	を [o]
え [e]	け [ke]	せ [se]	て [te]	ね [ne]	へ [he]	め [me]		れ [re]	
お [o]	こ [ko]	そ [so]	と [to]	の [no]	ほ [ho]	も [mo]	よ [yo]	ろ [ro]	ん [N]

가타카나 (かたかな)

ア [a]	カ [ka]	サ [sa]	タ [ta]	ナ [na]	ハ [ha]	マ [ma]	ヤ [ya]	ラ [ra]	ワ [wa]
イ [i]	キ [ki]	シ [shi]	チ [chi]	ニ [ni]	ヒ [hi]	ミ [mi]		リ [ri]	
ウ [u]	ク [ku]	ス [su]	ツ [tsu]	ヌ [nu]	フ [fu]	ム [mu]	ユ [yu]	ル [ru]	ヲ [o]
エ [e]	ケ [ke]	セ [se]	テ [te]	ネ [ne]	ヘ [he]	メ [me]		レ [re]	
オ [o]	コ [ko]	ソ [so]	ト [to]	ノ [no]	ホ [ho]	モ [mo]	ヨ [yo]	ロ [ro]	ン [N]